I Quaderni del Circolo

DESCRIZIONE

DELLA

FEDELISSIMA CITTÀ E PORTO - FRANCO

DI

TRIESTE

UNITAMENTE ALLE SUE VICINANZE
E PASSEGGI

CON LA PIANTA DELLA CITTÀ.

DI

Girolamo Conte Agapito,

PATRIZIO GIUSTINOPOLITANO GIÀ PROFESSORE D'ELOQUENZA
E STORIA E BIBLIOTECARIO AL LICEO DI LUBIANA.

VIENNA.

TIPOGRAFIA DELLA VEDOVA DI A. STRAUSS.

A SPESE DI PAOLO SCHUBART IN TRIESTE.

1830.

Conte Girolamo Agapito

DESCRIZIONE

DELLA FEDELISSIMA CITTÀ

E

PORTO-FRANCO

DI

TRIESTE

UNITAMENTE ALLE SUE VICINANZE E PASSEGGI

Edizione a cura di Sergio Fumich

ANDREANI

Circolo Culturale Anticonformista

L'attività editoriale del Circolo Culturale Anticonformista "Andreani" è particolarmente diretta al recupero di vecchie pubblicazioni e documenti manoscritti che sono stati parte o danno testimonianza della cultura e della storia dell'Ottocento e del primo Novecento. Con la pubblicazione dei Quaderni il Circolo intende adempiere ai suoi scopi statutari che indicano come primo obiettivo il recupero e la valorizzazione della cultura locale nelle varie forme ed aspetti con cui nel tempo si è manifestata, la storia e le tradizioni della civiltà agricola che nelle diverse epoche ha arricchito il territorio, la storia della gente di Brembio e dei suoi legami con il circostante territorio lodigiano, con l'altra gente lombarda ed in generale con le vicende nazionali.

Descrizione della fedelissima città e porto-franco di Trieste

del Conte Girolamo Agapito

A cura di Sergio Fumich

Prima edizione nei Quaderni: Settembre 2013

Isbn 978-1-291-57983-3

ANDREANI
Circolo Culturale Anticonformista
Brembio

INTRODUZIONE

L'autore del libro, il conte Girolamo Agapito, fu un'interessante figura della società triestina nella prima metà dell'Ottocento. Discendeva da una famiglia di origine veneto-cretese, che, per sfuggire ai Turchi, si era rifugiata profuga a Parenzo nel 1669. Per parte di madre era imparentato alla famiglia Gravisi dei marchesi di Pietrapelosa. Agapito nacque nel 1783 a Pinguente. In quel borgo il padre aveva ottenuto il posto di archivista. La caduta della Repubblica Veneta sconvolse la sua vita tranquilla di studente del Collegio dei Nobili di Capodistria. Dopo un soggiorno a Trieste presso il nonno materno marchese Gravisi, che era avvocato e notaio, trovò impiego presso il governo provvisorio dell'Istria e nel contempo completò i suoi studi ottenendo la laurea in giurisprudenza a Padova. Dimostrò ancora studente forte inclinazione letteraria, frequentando l'Accademia dei Risorti di Capodistria, poi quella degli Arcadi Sonziaci a Trieste col nome di Melisso Lusiano.

Dopo l'occupazione di Trieste da parte delle armate francesi nel 1809, l'Agapito venne nominato commissario di polizia, quindi giudice di pace. La sua gratitudine verso l'occupante francese per gli ottenuti incarichi è testimoniata dal fatto che tre mesi dopo l'occupazione un suo inno ed una sua cantata erano nel cartellone di una serata di gala organizzata al Teatro Grande per il compleanno dell'Imperatore dei Francesi[1].

---

1 *Cfr.* Articolo di Egizio Faraone pubblicato su *Progressione* 31: 59-60, Trieste dic. 1994. Da annotare che, come riporta il Faraone, in una supplica alle autorità per ottenere un sussidio (Arch. Stor. Comun. F. 1/5-1,

Quando l'anno successivo fu riformata l'organizzazione scolastica, Girolamo Agapito diventò insegnante di eloquenza e di storia e bibliotecario del liceo di Lubiana, città dove il fratello Andrea era ingegnere militare. Si trasferì quindi a Trieste come professore di retorica nel ginnasio liceo, insegnamento che svolse fino al 1814, quando, conseguenza della fine del dominio napoleonico su Trieste nell'autunno dell'anno precedente, il ginnasio liceo fu chiuso dagli austriaci. Rimasto disoccupato, si adattò, per sbarcare il lunario, a fare il giornalista e si segnalò scrivendo poesie ad ogni fausto evento della Casa d'Asburgo. In quegli anni trovò aiuto in Domenico Rossetti e l'appoggio di altri cittadini illustri. Diresse e compilò nel 1814-15 una *Gazzetta triestina*, quindi successe nella direzione dell'*Osservatore Triestino* al de Coletti, direzione che abbandonò nel 1820 quando decise di cimentarsi nell'editoria. Come editore pubblicò alcuni romanzi, ed altre opere, tra le quali una riedizione della storia di Trieste di Ireneo della Croce, grammatiche e lunari. Quindi, con successo, produsse una collana di guide che descrivevano Trieste ed i suoi dintorni. La prima, data alle stampe nel 1823, trattava delle grotte più famose dei dintorni della città e di altri luoghi d'interesse geologico ed archeologico, quali la miniera di Idria, il lago di Circonio, le Terme di Monfalcone, le rovine di Aquileia e di Pola[2]. Della sua attività editoriale, il Tomasin ricorda un *Mercurio triestino* stampato nel 1825 sotto il nome di Michele Weiss[3].

Quanto alle sue opere, Giulio Cervani, nel *Dizionario Biografico degli Italiani Treccani*, scrive che riesce utile an-

---

N. 8816/2419), Agapito avrebbe detto di aver collaborato col nemico solo per liberare se stesso ed il fratello dall'arresto e dall'accusa di parteggiare per l'Austria.

2 *Cfr.* Articolo di Egizio Faraone, *loc. cit.*

3 P. Tomasin, *Reminiscenze storiche di Trieste dal sec. IV al sec. XIX*, II, Trieste 1900, pp. 57-59.

cor oggi per gli studi storici la sua *Compiuta e distesa descrizione della fedelissima città di Trieste*, pubblicata a Vienna nel 1824, che è senza dubbio la sua opera più importante. Cervani ricorda anche altre opere: *Le grotte di Adelsberg, di S. Canziano, di Corniale, di S. Servolo ecc.*, libro pubblicato a Vienna nel 1823; *Le descrizioni storico-pittoriche di pubblici passeggi suburbani... di notabili ville e giardini privati ecc. nei contorni di Trieste*, stampato sempre a Vienna nel 1826; *Descrizione della fedelissima città e portofranco di Trieste unitamente alle sue vicinanze e passeggi*, che è il libro di cui qui viene proposta la riedizione, stampato a Vienna nel 1830; *Sul traffico di Trieste con gli Stati Uniti*, pubblicato a Trieste nel 1842; *La descrizione di Peroi*, sempre a Trieste nel 1842.

Il Cervani annota che lo Ziliotto[4] attribuisce a Girolamo Agapito un libretto conservato nel Museo d'antichità di Trieste: cinquantatré carte nelle quali sono delineate a matita o a penna o ad acquarello immagini riproducenti epigrafi romane dell'Istria, raccolte con il titolo *Peregrinazioni per l'Istria negli anni 1825-28, regnando il glorios.mo Imperatore Francesco I d'Austria ecc., Re dell'Illiria*. Agapito lasciò inoltre traduzioni, soprattutto dal tedesco, ricorda il Cervani, e due operette teatrali inedite, di cui una in dialetto veneziano, che fu rappresentata a Trieste nel novembre 1808. Girolamo Agapito morì a Trieste il 24 febbraio 1844.

Presentato l'autore, veniamo brevemente ai motivi che hanno portato il Circolo Andreani alla decisione di pubblicare questo libro che descrive la Trieste nel primo terzo dell'Ottocento. La propaganda irredentista e quella del ventennio fascista hanno contribuito a sviluppare nel mondo rurale padano, che – va riconosciuto – grande contributo di sangue ha dato nella Grande Guerra, una visione della Trieste

---

4 B. Ziliotto, *G. conte A., versatile ingegno istriano*, in Archeografo triestino, s. 4, XXI (1957), pp. 3-44.

austriaca e più in generale della Mitteleuropa che è errata sostanzialmente, fondata com'è su una storia scritta non solo da chi è uscito vincitore dal conflitto mondiale, ma soprattutto da chi, radicando in profondità il proprio credo su un cieco nazionalismo, non ha mai compreso, né poteva comprendere, un impero austro-ungarico dei popoli fondato sulla buona amministrazione e non sulla politica, la cui modernità si scopre oggi con lo spirito di un'unione europea anelante a fondare l'Europa dei popoli.

L'idea del Circolo Andreani, pubblicando una serie di testi originali dell'Ottocento e del primo Novecento, è quella di contribuire a mostrare come la propaganda, soprattutto quella fascista e quella post-fascista dell'ultimo dopoguerra, abbiano lasciato in eredità immagini della realtà distorte da cattive lenti. Per quanto riguarda Trieste, il libro del conte Girolamo Agapito può essere un utile strumento per provare a vedere la città porto dell'Austria con ottiche diverse.

Descrizione della città e porto-franco di

TRIESTE

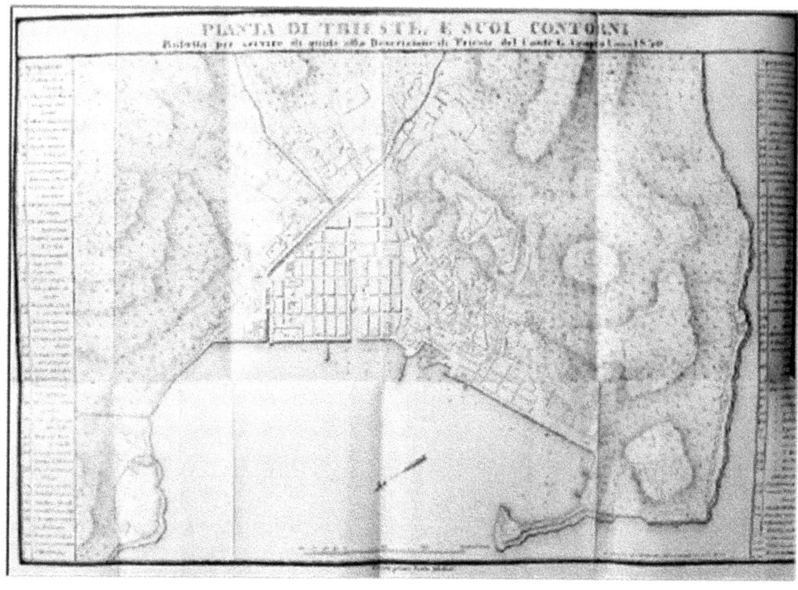
PIANTA DI TRIESTE, E SUOI CONTORNI

I.

Epitome storico di Trieste.

La prima origine di Trieste è involta nel bujo della più rimota antichità. Si pretende che la prima città sia stata fabbricata dai Carni 2121 anni innanzi l'era volgare, e di fatti essa comparisce in Strabone col nome di *Pago Carnico.*

Nell'anno 2831 dalla creazione del mondo, all'arrivo di Antenore al Timavo queste contrade furono signoreggiate da' suoi Trojani e dagli Eneti di Paflagonia.

Secondo un'antica cronaca, Trieste dipoi chiamossi Monte Amuliano, da Amulio XIV. Re de' Latini il quale vi spedì delle colonie per riedificare e ripopolare l'antica città distrutta dai Norici.

Notizie autentiche sopra Trieste però si hanno soltanto dal tempo che fu sottomessa alla potenza romana. I commentarj di Giulio Cesare sono i più antichi documenti ne' quali si fa menzione di questa città. Nell'anno di Roma 572, l'esercito romano essendosi avanzato da Aquileja oltre il Timavo, nella valle di Sistiliano fu disfatto dai Triestini alleati coi Japidi ed Istri ; ma nell'anno sussecutivo essendosi rinuovata la guerra ed avendo il Console Claudio Fulcro assunto il comando dell'armata, finì coll'espugnazione di Nesazio, Mutila e Faveria e colla sommessione di Trieste e di tutta l'Istria al dominio de' Romani. Questa città che prima godeva la prerogativa di repubblica, nell'anno di Roma 576, fu qualificata Municipio romano. Nel 624 di Roma i Japidi transalpini la occuparono e fortificarono, ma tre anni dopo essi furono superati da Cajo Sempronio Tuditano, vincitore degl'Istri. Sembra ben probabile che essendo stata allora dedotta colonia latina acquistasse il nome di *Tergeste,* o *Ter-*

gestum allusivo alla triplice sua edificazione. Dopo una sedizione riconquistata nel 635 dal Console Q. Marzio, fu dichiarata colonia di cittadini romani; indi colonia militare, nel 720, in cui venne fortificata, guernita di truppe e decorata della cittadinanza romana, venendo ascritta in Roma alla Tribù Pupinia.

Dacché Costantino il Grande percorse l'Italia, Trieste che fu da lui visitata appartenne all'Impero occidentale. Ne' secoli IV. e V. questa città sofferse le devastazioni dei Goti, dei Vandali, degli Alani, dei Quadi e dei Marcomanni; ed il feroce Attila, dopo un assedio di tre giorni, la distrusse onninamente. In seguito risorta dalle sue rovine essa restò soggetta agli Imperatori d'Oriente , e nel 590, fu dal Re longobardo Flavio Antario venduta alla Comunità di Trieste. Nel 774, Trieste compresa coll'Istria nelle conquiste di Carlo Magno fu assegnata al Ducato del Friuli, ma nell'848, Lotario I. ne fece un dono al Vescovo Triestino Giovanni II. e nel 949 Giovanni III. ne vendette ogni suo dritto di dominio alla Comunità di Trieste.

Ne' tempi del medio evo Trieste divenuta il pomo della discordia degli Stati vicini sostenne continui assedj ai quali dovette sempre soccombere. I Principi bavari, i Patriarchi d'Aquileja ed i Veneti furono alternativamente i di lei padroni. In seguito i Triestini sotto il padrocinio del Patriarca Aquilejese vivendo indipendenti, ogni anno elessero un nuovo Rettore della città col titolo di Podestà; per lo più fra i Marchesi d'Istria e i Conti di Gorizia. Invasa nuovamente dai Veneti nel 1380, fu ad essi tolta dai Genovesi e consegnata al Patriarca d'Aquileja, dopo di che in vigor della pace di Torino conchiusa nel 1382 fra Genova e Venezia, Trieste fu restituita alla sua primitiva indipendenza.

Finalmente i Triestini inviarono una deputazione al Serenissimo Duca d'Austria *Leopoldo il Pio* onde venir ricovrati all'ombra della mansuetudine Austriaca. Questo magnanimo Principe con uno strumento datato da Grätz accolse la dedizione di suddita di questa città assicurandole tutte le sue immunità e franchigie verso i patti stipulati. D'allora in poi Trieste migliorò sempre più la sua sorte, e tanto dagli Arciduchi quanto dagli Imperatori conseguì la confermazione delle sue antiche franchigie, e da alcuni di essi qualche speziale privilegio favorevole al suo commercio. Finalmente Carlo VI. col dichiararla portofranco nel 1719, ne promosse sommamente la navigazione, ed il suo commercio, mediante il quale Trieste salì a quello stato di prosperità e grandezza in cui si vede oggidì. Dopo un'occupazione nemica di 4 anni, 5 mesi e 22. giorni, Trieste nel 1813, riconquistata dalle vittoriose armi Austriache ritornò sotto il clemente scettro del legittimo suo Monarca, e per la suddita sua divozione ed inconcussa lealtà palesata in tutti gl'incontri verso il vero Padre della patria Francesco I. d'Austria, gloriosamente regnante, fu dalla Sovrana grazia fregiata nel 1816, col titolo di *Città fedelissima.*

II.

SITUAZIONE GEOGRAFICA E FISICA, DIVISIONE TOPOGRAFICA, FORMA E PERIFERÌA DELLA CITTÀ, CLIMA, OSSERVAZIONI METEOROLOGICHE, E POPOLAZIONE.

Trieste, capitale dell'Istria, giace sulla manca sponda dell'Adriatico in fondo al seno che ne porta il suo nome. Secondo esatte osservazioni astronomiche la latitudine boreale di Trieste è di gradi 45, 45 min. e 45 sec. e la sua longitudine orientale è di 11 gradi, 26 min. e 15 sec.

Sino al principio del secolo XVIII. Trieste era città murata con sei porte. Le mura del castello da settentrione ad occidente scendevano giù dal monte fino al lido del mare. Dopoché Trieste fu dichiarata portofranco, le mura e quattro delle sue porte vennero demolite, non essendosi conservato che l'arco della portizza nella piazza della Borsa e la porta del porto nella piazza grande.

Ora Trieste dividesi in città vecchia e nuova. La città vecchia giace a settentrione ed occidente sul dorso e alle falde del monte Tiber, e presso alle rive del mare. La città nuova che occupa la pianura fra gli alti monti che la circondano a settentrione e levante viene suddivisa nella città Teresiana, e ne' due borghi Franceschino, e Giuseppino. La città vecchia nella maniera di sua costruzione porta l'impronta di un'antichità rimotissima. Riborgo, Rena, Crosada e Cavana sono le sue principali contrade, alcune delle quali si ravvolgono nelle più strambe direzioni, molte sono inaccessibili alle carrozze, e tutte anguste. La città nuova che forma ben tre quarti di Trieste, sorse dalla seconda metà del secolo XVIII. fino a' giorni nostri. Le sue contrade simetricamente fabbricate, con comoda divisione e coi riguardi di polizia e di sanità, hanno sei kl.[5] di larghezza e s'incrociano in linee rette entro le quali gli edifizj per lo più intersecati vengono in altrettanti gruppi quadrati.

Queste liete contrade sono fronteggiate da moderne vistose e magnifiche fabbriche de' più agiati negozianti le quali danno alla città un aspetto giovanile e ridente.

Tutte le case sono coperte di tegole (tranne l'edifizio della Borsa che ha il tetto di rame), hanno per lo più tre e quattro piani, ed alcune poche fino cinque — sei, con scale nella massima parte di pietra di taglio. Finora Trieste ha 34 piazze, 184 contrade e 39 vicoli. Dietro un'ordinanza magistratuale, tutta la città è ripartita in otto sezioni. Undici ponti congiungono la città Teresiana e ne agevolano la comunicazione coi borghi. Oltre il passaggio de' pedoni per il ponte rosso non si transita che con le carrozze e i carri voti. Due torrenti montani Starebreck e Klutz si uniscono in un alveo comune al ponte di Chiozza, e traversando la contrada del torrente sboccano in mare fra il cantiere Panfilli ed il pubblico macello. La massima lunghezza di Trieste dalla contrada de' SS. Martìri fino a quella del Belvedere è di 800 kl., e di circa 400 la sua maggiore larghezza, presa dall'edifizio attinente alla chiesa di S. Niccolò fino alla piazza delle legna; la sua perifería gira quasi tre miglia italiane.

Il clima di Trieste soggiace a sì rapidi cangiamenti, specialmente quando ai venti australi cedono i boreali, che sovente, sì nel verno che nella state notasi nel termometro una istantanea variazione di 6 a 7 gradi. Tra i venti i più dominanti sono lo scilocco, il greco-levante, ed il greco volgarmente detto *Bora*, che per lo più dura impetuoso da 10 a 15 giorni consecutivi, e talvolta, ma più raramente, anche di

5 Klafter o tesa da 6 Schuhe (piedi), misura di lunghezza viennese pari a 1,8966 m. Lo Schuh era pari a 0,3161 m. Uno Zoll (pollice) era un dodicesimo di Schuh; uno Zoll era pari a 12 Linien (linea); una Linie era pari a 12 Punkte (punti).

più. La temperatura media è di 12 gr. 2 dec.; il massimo caldo è solitamente di 26 gradi sopra lo zero, ed il massimo freddo di 7 gr. al disotto, al termometro di Réaumur esposto all'aria aperta; in alcuni anni però si osservarono delle straordinarie alterazioni. Talvolta poi nella medesima stagione riescono sensibilissimi i rapidi passaggi dal massimo grado di caldo al freddo che dipendono dalla situazione pedemontana e marina della città, soggetta nel cuor dell'inverno agli sciroccali, ed, anche nella state, al rigor de' venti settentrionali. L'aria peraltro per il continuo avvicendar di questi venti senza il predominio assoluto di alcuno d'essi, e per la qualità del suolo né umido, né arenoso per cui l'atmosfera è scevra di molecole nocive alla salute, è salubre anzichenò. L'acqua potabile è d'ottima qualità; e mentre non vi dominano epidemìe, né morbi endemici, l'ordinaria vita degli abitanti arriva dai 70 agli 80 anni.

Trieste nel 1617, non contava che 500 fra case e casipole e 3000 abitanti. Nel 1758, la città vecchia aveva 538 case e 5051 persone, e la città nuova 92 case e 1373 abitanti. L'anagrafi del 1804 dimostrò una popolazione di 33,242 individui in Trieste, e di 7620 ne' villaggi, in tutto 40,862 persone; e quella del 1819, 33,510 abitanti in città in 1620 case, e 9677 nel territorio in 1588 case, per conseguenza un complesso di 43,087 anime. Ora tanto il numero dei nuovi edifizj quanto quello dei nuovi abitanti continuando sempre più a crescere è impossibile di fissarne un limite. Tutte le persone nate in Trieste generalmente parlano, oltre il vernacolo veneziano ed un dialetto slavo a un di presso come nella Carniola, anche gl'idiomi tedesco e francese. Presentemente Trieste è la residenza del Governo del Littorale illirico-austriaco, il quale, oltre questa città ed il suo territorio, comprende due circoli, quello dell'Istria, e quello di Gorizia. La forma di questa città è semicircolare e per ben dominarla con un solo colpo d'occhio varj propizj punti di vista offrono la nuova strada comunale nella contrada di Gretta, le alture di Scorcola ed il rotondo baloardo del castello. La costruzione di novelli edifizj sulla nuova riva del borgo Giuseppino va compiendo la forma anfiteatrale della città. In mezzo alla gara d'ogni proprietario nell'abbellire le sue case e nel costruirne di nuove, Trieste favorita anche dagli adornamenti e comodi pubblici che procurati le vengono dalle Sovrane cure, bentosto gareggierà in bellezza colle principali città d'Italia.

III.

Piazze e monumenti in esse esistenti, notabili edifizj pubblici e privati.

Le principali piazze di questa città sono le seguenti :

La piazza grande

che non è la maggiore di tutte le piazze di Trieste, ma bensì di quelle della città vecchia ove esiste, è una delle più belle, dopoché con la demolizione dell'antico palazzo curiale verso la fine del secolo decorso convertito in teatro, acquistò la sua perfetta regolarità, ed una figura analoga a quella prescritta per i Fori dai canoni Vitruviani. Su questa piazza sorge il palazzo della città ristaurato ed ampliato nel 1790, fra il quale e l'altro attiguo edifizio civico, si distingue la così detta Loggia col suo verone fabbricata nel 1686, sopra un solo grand'arco di pietra, notevole per la solida sua struttura. Di fronte a questi edificj s'innalza quello della *Locanda grande* pur costruito a spese del civico erario, contiguo alla torre del pubblico orologio, ch'è l'unica delle vecchie torri di Trieste, ancora sussistente nella sua integrità, e la quale avendo molto sofferto sì per le aggressioni de' Veneti che per forti scosse di terremoto, fu ristorata nel 1517, indi a più cospicua forma ridotta nel 1747, a spese della Comunità, siccome lo indicano le iscrizioni che in essa si vedono. In questa torre è collocato il più grande orologio pubblico della città. Al lato manco della *Locanda grande* pompeggia il grandioso edifizio eretto dal negoziante *Plenario* dietro il disegno dell'architetto Ulderico *Moro* che col suo decoroso prospetto abbellisce la piazza, e di rincontro al quale la piccola chiesa di S. Pietro d'architettura de' bassi tempi, col senile aspetto della sua facciata di pietre quadrate scorgesi in bizzarro contrasto cogli appariscenti moderni edifizj che la circondano. Nel mezzo di questa piazza sorge la grandiosa fontana eretta dalla città nel 1751 dietro il modello dell'architetto *Mazzoleni*, dopoché dalle colline de' SS. Giovanni e Pelagio vi fu condotta l'acqua per munificenza dell'Imperatrice Maria Teresa. Il suo gruppo rappresenta una rupe alla di cui metà giacciono 4 deità fluviatili essendovi nella parte superiore come anche ai lati della conca parecchj oggetti e figure allusive al commercio ed alla navigazione. Al lato a questa fontana elevasi una grossa colonna, di pietra nostrale, posta nel 1728, alta 26 piedi, con piedestallo adorno di trofei militari, e con due ordini di gradini, sull'apice della quale è collocata la statua in marmo bianco dell'Imperator Carlo VI. vestito in manto imperiale con maestoso paludamento avendo il sembiante volto verso la chiesa di S. Pietro. Questa piazza per il mercato che vi si fa di frutta, commestibili, e mercerìe è la più vivace e la più frequentata a tutte le ore da ogni classe di persone.

La piazza della Borsa

è irregolare e non ha propriamente l'aspetto di una piazza, ma riesce soprammodo lieta ed interessante per il continuo concorso della gente addetta al commercio, e de' forastieri, e per essere connessa colla più animata ed elegante contrada di Trieste, qual è quella del Corso, la quale bellamente si apre incontro all'edifizio della Borsa, che in essa pompeggia ed incanta i riguardanti col suo imponente prospetto. Vi si vede una moderna fontana costruita dal *Mazzoleni* nel 1752, il di cui marmoreo gruppo rappresenta Nettuno col tridente di ferro nella manca appoggiato con la destra alla parte anteriore della conca tratta da tre cavalli marini dalle di cui fauci sgorga l'acqua perenne. Presso a questa fontana sorge una colonna di marmo bianco innalzata nel 1660 nella piazza grande al principio della contrada di Cavana, donde, perché vi rendeva troppo angusto il passaggio, fu qui trasportata nel 1808, avente l'altezza di 24 piedi, e la sua base fregiata di emblemi guerrieri con tre ordini di gradini ottangolari. Il capitello è sormontato dalla statua in bronzo dell'Imperatore LEOPOLDO I. in armatura ferrea vestito della clamide imperiale, e adorno il capo del Cesareo diadema, avendo il brando al fianco e nella destra lo scettro e il globo, con la faccia rivolta verso la parte superiore della contrada del Corso. Questa contrada per buon tratto prolungandosi in linea retta, d'ambe le sue parti presenta una serie di grandiosi e vaghi edificj e di ricche botteghe ridondanti d'ogni qualità di merci le più preziose e le più rare.

La piazza della Dogana e la piazza de Carradori.

Dalla parte opposta dell'edifizio della Dogana porgono l'interessante quadro del commercio di Trieste a cui da ogni dove giungono e donde si spediscono le merci transmarine d'ogni qualità e provenienza per le primarie piazze d'Europa con le quali la nostra è legata con vincoli di vivace corrispondenza mercantile.

Le altre piazze non presentano verun oggetto meritevole d'attenzione.

Gli edifizj notabili in genere di architettura sono:

La Chiesa di S. Maria Maggiore

costruita dietro il disegno del P. Andrea *Pozzo* Gesuita con facciata d'ordine ionico ostenta un'architettura ardita e di grande effetto. Dignitoso è il suo interno, ed i pilastri d'ordine composito sono ingegnosamente tramezzati da bene intesi compartimenti e nicchie regolari.

La Chiesa cattedrale è un edifizio irregolare, venerando per la sua antichità, sul di cui prospetto grandeggia un finestrone rotondo di gotica architettura; rendendosi poi un oggetto de' più considerevoli l'attigua sua torre edificata sopra le reliquie di un magnifico tempio romano, dell'epoca aurea delle arti.

Fra i principali edifizj d'architettura moderna particolarmente si distinguono

Il Teatro nuovo

intieramente isolato, d'ordine ionico moderno , costruito dietro il disegno del *Selva*, la di cui facciata ch'è un' imitazione di quella grande teatro della Scala in Milano, venne seguita dal Sig. *Pertsch*. In questo edificio v'è la grande sala del ridotto, la di cui scala si rende osservabile per il labirintico intreccio delle sue diramazioni.

L'edifizio della Borsa

di cinque piani eretto dietro il disegno di *Antonio Mollari*, il quale, dopo la Borsa di Amsterdam, di Dublino e di Parigi, si mette fra le principali borse mercantili. Nella facciata grandeggia un atrio di quattro colonne doriche. Le statue colossali bellamente in esso annicchiate rappresentano *le parti del mondo, Vulcano*, e *Mercurio*, ed altre quattro statue collocate sopra la cornice del tetto il *Danubio*, il *Genio di Trieste*, *Minerva* e *Nettuno*, essendovi pure de' bassi-rilievi del *Bosa* simboleggianti il Commercio e l'Abbondanza. Per una porta di buona struttura si entra nella loggia sostenuta da 20 colonne doriche antiche numerate fra le quali nel 1823 furono situate in quattro nicchie altrettante statue in grandezza maggiore del naturale, rappresentanti la *Vigilanza*, l'*Ingegno*, la *Concordia* e l'*Onore*, e le tre prime delle quali sono lavoro del sullodato *Bosa* e l'ultimo è la prima opera del di lui figlio *Francesco*. Sul pavimento si scorge la bella meridiana solare eseguita dal bravo meccanico Sig. *Sebastianutti*. Nel piano principale, la parte anteriore dell'edifizio è occupata dalla grande sala di radunanza del corpo mercantile dove sopra colonne d'ordine corintio intersecate in tre lati da gallerie s'innalza una spaziosa volta il di cui soffitto dipinto da *Bisson* e da *Scola* rappresenta Carlo VI. sotto un padiglione corteggiato dall'aulica sua comitiva nell'atto memorando in cui annunzia ai Deputati di Trieste la solenne dichiarazione di questa città in portofranco. Dalla terrazza del tetto tutto intorno ricinta da una balaustrata si gode una libera vista sull'estensione della spiaggia e sull'aperto mare.

Il palazzo Carciotti primeggia su tutti i più grandi edifizj privati in Trieste. Le sue due facciate, la principale delle quali è rivolta verso il porto, sono ornate da colonne e da statue; al di sopra della cornice dalla parte anteriore essendovi una specola con una rotonda coperta di rame. Nel vestibolo di figura ottangolare si veggono due statue colossali, a destra la statua d'*Ercole*, e quella di *Minerva* a sinistra, entrambe lavoro di *Bosa*. Sono pure opere molto pregiate di questo celebre scultore le tre bellissime statue rappresentanti l'*Architettura*, la *Scultura* e la *Pittura* che adornano la scala dignitosa, non che sette bassi-rilievi di temi omerici nella sala rotonda, il tutto di fino marmo carrarese. Il Sig. *Pertsch* è l'architetto di questo magnifico edifizio nel quale, oltre l'esatta esecuzione, si vede accoppiata la simetria al vero buon gusto nello stile.

La casa del negoziante di Borsa Sig. *Andrea Griot* che vanta il portone nella sua semplicità il più bello ed il più regolare in Trieste, e nel piano principale una sala maestosa con degli eccellenti dipinti di *Bisson* —

La casa del negoziante di Borsa Sig. *Carlo Luigi Chiozza* con tre portici arcati aventi 42 kl. di lunghezza, opere dell'architetto *Mollari*, e

La casa *Panzera*, costruita dietro il disegno del predetto Sig. *Pertsch* nella di cui facciata con buona decorazione ionica si osservano de' bassi-rilievi di tema storico romano scolpiti dal *Bosa*, sono tre edifizj degni della considerazione degli intendenti.

Sulla nuova riva si sono recentemente eretti parecchj vaghi e grandiosi edifizj appartenenti agli spettabili negozianti di Borsa li Sigg. Carlo d'Ottavio *Fontana*, e Michele *Vucetich*, al Sig. Co. Matteo *Ivanovich*, al Sig. Valentino *Valle*, e ad altri opulenti privati.

IV.

I. R. Autorità, Magistrato civico.

Le pubbliche Autorità costituite in Trieste sono:

L'Eccelso Governo del Littorale illirico-austriaco, attualmente preseduto da Sua Altezza il Sig. Principe Alfonso Gabriele di Porcia, Conte principesco di Dettensee, Conte di Ortenburg, Mitterburg, Porcia e Brugnera, Signore di Möderndorf, Prem, Senosetsch, S. Focca, Ragogna, Gajerine ec. ec.; Ciambellano ed effettivo Consigliere intimo di S. M. I. R. A., effettivo Governatore, residente nel palazzo governiale. In assistenza a S. A. il Sig. Principe Governatore è assegnato l'I.R. Consigliere Aulico il Nob. Sig. Giuseppe di Weingarten, Cav. di 2. classe dell'Ordine reg. siciliano di S. Costantino. Il Governo è composto di sei Consiglieri con sette Segretarj ed un proporzionato numero di ufficianti.

Tutte le altre autorità politiche, giudiziarie, camerali, militari, il Magistrato della città ed i suoi dipendenti uffizj con lo stato individuale di tutti gl'impiegati compariscono nello Scematismo dell'I. R. Littorale austriaco-illirico, che si stampa annualmente, ed è vendibile presso l'Uffizio provinciale delle tasse Nr. 1126.

V.

Porto e Rada di Trieste, Capitaniato ed armamento del Porto, Fanale di Salvore e battelli per comodo pubblico.

Il porto di Trieste che per la sua opportuna e vantaggiosa posizione viene considerato uno de' principali emporj del commercio è nel rango de' primarj porti dell'Adriatico. Per tutte le circostanze locali però che ne costituiscono l'ancoraggio non può veramente riguardarsi sotto l'aspetto di porto, ma bensì sotto quello di una rada le di cui qualità difficilmente si riuniscono ne' più celebri porti mercantili dell'Europa.

Di fatti questa rada è scevra di scogli e di secche, ha fondo netto, e sufficiente profondità, sicché non solo i più grossi vascelli mercantili, ma le più grandi navi da guerra possono accostarvisi con tutti i venti, ad ogni ora, in ogni punto, col flusso e riflusso, senza ostacoli, né perigli, e senza l'ajuto di piloti locali.

Di prospetto alla città vi esistono tre file di fari d'ammaraggio in ordine pressoché paralello, capaci di assicurare da 400 bastimenti quadri, che si possono collocare negli ultimi due ranghi esterni. Dei fari i più vicini a terra profittano i legni d' inferiore portata; quelli di mediocre capacità praticano gli ormeggi ai secondi e gli altri maggiori si appigliano agli ultimi dove ne possono venir situati 40 circa di grosso carico; fuori della terza linea de' fari dando altresì fondo i bastimenti di 350 tonnellate. Può venir considerato come l'unico porto di Trieste l'ancoraggio dirimpetto al Lazzaretto vecchio, il quale è al coperto de' venti di traversia e da' flutti marini, oltre di avere buon fondo e la più felice ed agiata profondità in questa parte ch'è la più meridionale della rada, non capace però che pel ricovero di 40 legni della portata di 250 tonnellate per i quali pur vi sono due linee di fari. Anche di fronte al mollo di S. Carlo ed alla contrada della Sanità possono ormeggiarsi delle fregate o vascelli di linea; siccome approdare ed ancorar si possono molti legni di alto bordo nello spazio della rada fra le batterie di S. Teresa e del Lazzaretto nuovo che costituiscono la di lei bocca di poco meno di un miglio. Venti di traversia alla rada sono quelli di Ponente, di Maestro e di Libeccio; e nell'inverno i boreali più forti sono i venti di Greco, Greco-Levante, e Levante.

Ne' tempi moderati l'ordinaria corrente nella rada di Trieste conserva sempre la direzione di Libeccio e la sua velocità si calcola d'un miglio all'ora. In tempo di calma nel plenilunio e novilunio è valutata a circa 7 piedi la più alta e la più bassa marréa, la quale però coi venti sciroccali cresce oltre 6 piedi, e non s'abbassa che 2½ circa.

Al Capitano del porto incombe di riscontrare i bastimenti e di assegnar loro il sito dove si possono ancorare nel porto, di dirigere la loro entrata nel canale e di accudire all'adempimento di tutte le provvidenze instituite a vantaggio e comodo de' navigatori e del commercio. Ad ogni ora sì di giorno che di notte i bastimenti possono approdare liberamente; arrivando però di notte non ricevono pratica prima che faccia giorno. Di nottetempo all'Uffizio di Sanità v'è sempre acceso un fanale per norma de' Capitani.

L'armamento del porto è costituito da tre legni regi di varia grandezza. Per assicurare la navigazione sulle coste marittime dell'Adriatico austriache, fin dalla primavera del 1818, sopra la punta delle mosche a Salvore nel distretto di Pirano in distanza di circa 20 miglia italiche da Trieste esiste un grande fanale, il di cui lume stabile bianchissimo alto kl. 18 1/3 sopra il livello del mare, si vede in distanza di circa 25 miglia italiche; dalla galleria superiore staccandosi un braccio destinato a portare i segnali indicanti i bastimenti che arrivano.

All'imboccatura del canale ed alle rive si trovano da 60 battelli numerati per trasportare di giorno persone ed effetti da terra a bordo de' bastimenti di libera pratica dentro i limiti della rada.

La mia — *Compiuta e distesa descrizione di Trieste* — contiene ogni minuto dettaglio di questo importantissimo Porto-franco.

VI.

Magistrato Centrale di Sanità, Uffizio di Sanità, Lazzaretti, molo Teresiano, Darsena, molo di S. Carlo, il Canale.

La provvidenza del Governo instituì per l'importantissimo oggetto della salute pubblica un Magistrato Centrale di Sanità preseduto dallo stesso Governatore. Quattro provvisori, il primo de' quali è il Sig. Consigliere Governiale, Protomedico riferente Sanitario, compongono attualmente questo Magistrato con un competente personale d'Uffizio. Due assistenti sono assegnati all'Uffizio di Sanità agli arrivi, il di cui oggetto si è di ammettere alla libera pratica i navigli di libera provenienza e di sorvegliare quelli che sono di derivazione sospetta.

L'attuale edifizio della Sanità compito nel 1804, avente un ricinto di oltre 1000 kl. di circonferenza, è uno stabilimento che non ha pari in tutta l'Europa per le comodità che offre al commercio.

Evvi in esso un comodo corridojo coperto dove coi debiti riguardi di sanità i contumacianti possono parlamentare con ognuno come se fossero di libera pratica e dar sollecito corso ai loro affari commerciali, anche durante le quarantine, ocularmente assistendo nella contigua spaziosa loggia al peso ed alla misurazione delle merci contrattate e vendute.

L'I. R. Lazzeretto nuovo

giacente all'estremità settentrionale della città nuova, venne fondato dall'Imperatrice Maria Teresa ed aperto nel 1769. Esso è ricinto da solido muro alto 4 kl. e di una notabile estensione, e contiene, oltre un molo lungo 37 kl. e largo 8, per lo scarico delle merci, le abitazioni del Sig. Priore e degli impiegati, molti comodi quartieri con separate cucine per i forastieri , scuderie per cavalli e bestiame, armerie, acque potabili di sorgente che discendono dai colli e vi vengono introdotte mediante de' tubi, molti vasti magazzini per le merci, delle larghe piazze per caricarvele, e delle tettoje asciutte per il loro sciorino. Questo Lazzeretto in cui possono ricovrarsi da 60 bastimenti mercantili ed aver provvedimento 200 forastieri, è il più sicuro ed il più comodo di tutti i Lazzeretti dell'Europa, offrendo al commercio altresì nel suo grande e profondo porto piena sicurezza, e l'importante vantaggio di poter con grande facilità e piccolo dispendio effettuare lo scarico delle merci. Esso è assegnato ai bastimenti con patente tocca o sospetta, e a quelli che devono soggiacere ad una piena quarantina. La batteria di questo Lazzeretto, armata con 10 cannoni, forma con quella del molo Teresiano la difesa della rada.

L'I. R. Lazzeretto vecchio

situato all'estremità occidentale della città venne fondato dall'Imperator Carlo VI. ed è rinchiuso da un muro alto circa 5 kl. dentro al quale si contengono, oltre l'abitazione del Sig. Priore, i quartieri per i forastieri, i vasti magazzini a volta per le merci e le piazze per lo sciorino. Rendesi particolarmente interessante il bellissimo spazioso magazzino con pavimento di tavole per le mercanzie fine e manifatture preziose provenienti dalle Indie, dal Brasile ec. le quali sono qui pienamente al salvo dall'umidità e da ogni altra infausta evenienza che potesse comunque rendersi nociva al loro valore. Questo Lazeretto è destinato per la contumacia de' bastimenti con patente netta provegnenti da Ponente e Levante. Connesso con questo Lazzeretto è

Il molo Teresiano

cominciato nel 1744 e compito nel 1769. È questo un capo d'opera dell'architettura militare, costruito sopra uno scoglio lungo 330 kl. e 10 largo, tutto lavorato di pietra di taglio con un pendio di sei piedi per cui le palle nemiche assai difficilmente potrebbero nuocergli; la sua testa esterna avente una circonferenza di 170 kl. essendo fatta ad angoli onde poter maneggiare i cannoni in tutte le parti. Questo molo col quale si può difendere la città da un'aggressione ostile con una squadra, difende anche quasi la metà della spiaggia ed il porto dalla veemenza de' venti meridionali che nelle colme impetuose del mare cagionerebbero dei naufragi nel porto e sulla spiaggia. *Mandrachio* è volgarmente detta

La Darsena

subito fuori della porta del porto avente fino 16 piedi di profondità con una piccola imboccatura ed un molo. Qui possono ricovrarsi da 70 piccole barche al coperto d'ogni periglio.

Il molo di S. Carlo

lungo 70 kl. e largo 11, fu così denominato perché costruito nel 1744 sul corpo della maggiore delle tre navi colle quali nel 1728 giunse in Trieste dalle Spagne l'Imperatore Carlo VI., quivi ignorasi il come affondata nel 1740. Questo bel molo di pietra congiunto alla città mediante un ponte di legno, dopoché nel 1778 fu ingrandito come si vede, venne in appresso circondato da una scogliera nella sua estremità onde guarentirlo dalla violenza del mare. Nel 1825 il ponte che conduce a questo molo fu dilatato e fornito di marciapiedi e di nuove lanterne col lastricato del piazzale dinanzi al ponte.

Il Canale

lungo 200 kl. e largo 18, la sua maggiore profondità essendo di piedi 14, per ordine dell'Imperatrice Maria Teresa nel 1754 fu scavato sui fondi delle saline dall'architetto *Pirona.*

Esso è capace per 30 bastimenti i quali accostati alle rive e legati a grosse colonne per la loro piena sicurezza possono altresì venir caricati, rimanendo nel mezzo il libero passaggio al barcolame per il piccolo cabotaggio al quale è pure conceduta la stazione.

Rende singolarmente notabile questo bel canale il poter appena caricato in esso un bastimento spiegar tosto le vele e col favor del vento immediatamente intraprendere il suo viaggio per l'alto mare.

VII.

Il Cantiere di costruzione navale detto lo squero nuovo. Il pachebotto a vapore.

Il Cantiere Panfilli.

Questo cantiere giacente sulla piazza de' carradori venne fondato nel 1779, da Odorico Panfilli, ed occupa un'area di 3312 kl. quadrati. È provveduto di scali di mare, tettoje, ed altri interni artifizj necessarj alla costruzione de' navigli nuovi, ed al carenaggio de' vecchi scafi in terra. Esso è chiuso da tre lati restando aperto nel quarto dirimpetto al mare, onde potervi lanciare i bastimenti.

Sì per l'eleganza del modello e per la forte connessione e solidità, e sì per l'abbondante fattura delle ferramenta e la precisione della mano d'opera i bastimenti costruiti in questo cantiere, mentre gareggiar possono con quelli di qualunque distinta nazione marittima, non la cedono a veruna riguardo alla loro durata; giacché se i legni russi e svedesi sono adoperabili per 12 anni, e gl'inglesi circa 20, i bastimenti triestini resistendo a viaggi disastrosi e lontani durano in continuo uso nelle speculazioni commerciali da 50 in 55 anni attesa l'eccellente qualità del legno di quercia che a questo cantiere somministrarono le selve dell'Istria, della Dalmazia, Carniola e Croazia.

Benemeriti dell'incremento della navigazione triestina si sono resi precipuamente i seguenti: *G. Curtovich, S. Risnich, G. Minerbi, C. Bronza, fratelli Teodorovich, C. Catraro, Andrea Griot, P. Cozzi, P.F. Österreicher, F. Dabinovich, G. Premuda, P. Sartorio, M. Vucetich, G. Rajovich, A. Gadina, A. Bozzini, N. Stratti, G. Padovani, M. Ivanovich*, e parecchj altri.

Fra gli ultimi bastimenti varati da questo cantiere furono ammirati dal mondo commerciale e dagli intelligenti di marina tanto per la bellezza ed eleganza del modello quanto per la solidità quelli di proprietà di diversi negozianti di questa piazza costruiti dietro il disegno e sotto la direzione del giovane allievo di questa I. R. Accademia di nautica Sig. *Domenico Padovan di Giorgio* Triestino, il quale indefessamente applicandosi alla costruzione navale autorizza alla fondata speranza che in questa parte sì vasta delle matematiche sarà egli tanto più per distinguersi in avvenire con degli altri lavori sempre più belli e perfetti a vantaggio della navigazione austriaca e ad onore della patria. Anche i bastimenti recentemente fabbricati da questo architetto navale Sig. *Vincenzo Poli* dietro i disegni del di lui fratello Sig. Felice riportarono meritamente la generale approvazione.

Il pachebotto a vapore.

In virtù di speciale privilegio sovrano a favore del Sig. John Alien Americano nel 1818 venne per la prima volta costruito in questo cantiere Panfilli dietro la prospettiva venuta da Londra, il pachebotto a vapore eh'è fregiato coll'augusto nome di Sua Maestà l'Imperatrice Carolina, nostra benignissima Sovrana. Dopo che questo bastimento di costruzione triestina durò in vivacissima attività per lo spazio di oltre due anni, ne venne fabbricato un altro in Venezia intieramente dietro il modello del nostro.

Questo nuovo pachebotto è lungo 80 piedi, largo 16, alto 9, e pesca piedi 4¾. Esso contiene a poppa una camera comune per le donne con buoni letti ed ogni comodità; per gli uomini v'ha nel mezzo una stanza con sofà per 50 persone; e per quelli che vogliono viaggiare con più di economia evvi a prora una sala per 30 persone. Su questo pachebotto con molta decenza mobigliato si possono imbarcare in una volta più di 100 persone co' rispettivi equipaggi, rimanendovi, sulla coperta, dello spazio per collocarvi 4 carrozze.

Il viaggio da Trieste a Venezia in tempo di calma si fa al più in 10 ore; e col vento propizio facendo uso di vele in ore 7½ o al più in 8.

Il prezzo de' posti a poppa è di fni. 8, kar. 30 per persona, e di fni. 5, kar. 30 a prora.

VIII.

Vescovato di Trieste, Capitolo dell'insigne Cattedrale di S. Giusto e chiese cattoliche.

Il Vescovato di Trieste, ed il Capitolo della Cattedrale.

La fondazione del Vescovato di Trieste risale ai primi tempi del cristianesimo. Dagli annali ecclesiastici si rileva che il primo Vescovo Triestino fu di nome Giacinto il quale venne consecrato da S. Ermagora nell'anno 46 di nostra redenzione. Nell'anno 848, Lotario I. Re d'Italia donò al Vescovo Giovanni II. la città di Trieste con tre miglia di circuito investendolo come Messo Imperiale e Conte Palatino della sovranità sulla stessa per sé e successori suoi, onde i Vescovi ne assunsero il dominio temporale ed il titolo di Conti di Trieste. I diritti e privilegi de' Vescovi però di mano in mano si estensero, parte per cessioni, parte in conseguenza di catastrofi politiche. Dai tempi del dominio vescovile ci è pervenuta una serie di monete argentee, con l'effigie de' prelati Givardo, Volrico, Arlongo, Ridolfo, Corrado e Leonardo e con l'impronta di Trieste dal 1206 al 1303, dentro il qual periodo essi ebbero la loro zecca in questa città.

Anticamente i Canonici della cattedrale di S. Giusto eleggevano il Vescovo di Trieste, ma finalmente dopo varie discussioni che durarono assai più di un secolo, Enea Silvio Piccolomini, già Vescovo di Trieste, dopo di essere passato al Vescovato di Siena, essendo stato assunto al pontificato sotto il nome di Pio II, levò al capitolo di Trieste il diritto di eleggere il Vescovo, che venne trasfuso nella regnante Imperiale casa d'Austria. Dopo una vacanza di ben 18 anni questa cattedra vescovile con grande giubilo di tutta la diocesi venne occupata dall'attuale meritissimo prelato da

Monsignor *Antonio Leonardis.* Per l'addietro l'insigne Capitolo dell'antichissima cattedrale di S. Giusto era composto di 12 Canonici prebendati, tre de' quali dignitarj. Da quattro a cui nel 1781 furono ridotti questi canonici, sotto Monsignor *Leonardis* sono stati portati al numero di sette. Essi portano la mozzetta di seta in vigor di Breve pontificio di Pio II, le zanfarde per disposizione del Vescovo Scarlichio , e per concessione dell'Imperatrice Maria Teresa, la croce sul petto coll'impronta di S. Giusto, appesa ad un nastro di color chermisino. Dopoché nel 1785, la residenza vescovile fu convertita in ospitale civico, il Vescovo di Trieste abita in una casa privata.

La chiesa cattedrale di S. Giusto

giace sulla sommità del monte Tiber in vicinanza al castello, ed essendo lunga 25 passi e larga 28, compresi gli sfondi delle cappelle laterali, è la più vasta chiesa di Trieste. Vuolsi edificata nel IV. secolo, fu ristaurata nel 556, venne consacrata dal Vescovo Arlongo nel 1262 , e dopo di essere stata ingrandita nel 1380, fu dedicata a Dio e alla B. Vergine dal Vescovo Enrico IV. de Wildenstein nel 1385. L'interno di questa chiesa è diviso in 5 navate sostenute da 25 alte colonne irregolari tutte di macigno, tranne la prima che si trova entrando in chiesa per la porta laterale a destra la quale è di bel marmo screziato. L'altar maggiore alto e suntuoso, di marmo finissimo a varj colori con vaghe figure a musaico, è opera di *Andrea Tremigran* Veneziano eretto nel 1676 e consacrato dal Vescovo Gorizzutti. Nei due altari laterali situati in due cappelle osservasi un antico musaico sul gusto di quello della Basilica di S. Marco in Venezia. Nella cappella di S. Giovanni Battista vedesi l'antica fonte battesimale di candido marmo nella quale si battezzava per immersione.

Le pitture meritevoli di attenzione in questa basilica sono la tavola dell'altare presso alla cappella della Madonna di Loreto, rappresentante lo sposalizio di M. Vergine, che viene attribuito ad uno scolare di *Tiziano*, e l'altare che rappresenta S. Andrea Apostolo in alto, e di sotto S. Niccolò da una parte e S. Martino a cavallo dall'altra leggendovisi in fondo scritto il nome del suo autore *Matteo Ingoli da Ravenna*; essendo pur dipinte da buon pennello le immagini delle Sante Eufemia e Tecla Triestine sull'altare di S. Niccolò. L'attiguo campanile stato costruito ne' secoli della barbarie architettonica essendo stato distrutto dai Goti, fu ristorato nel 1337, a spese della Comunità giusta l'iscrizione sulla di lui porta, che viene riportata nella mia — *Compiuta e distesa descrizione di Trieste.*

La chiesa di S. Antonio

sulla piazza di questo nome è la parrocchia di città nuova. Venne fabbricata nel 1777 per servir di cappella a quella medesima pia confraternita che prima esisteva nel Convento di S. Francesco. Questa chiesa ha cinque altari di marmo fino, e soltanto in essa viene tenuto ogni festa il servigio divino con predica e coi normali cantici spirituali in idioma tedesco. La tavola del Crocifisso, di *Carlo Cignani*, si vuole da alcuni lavoro della scuola del *Tintoretto.* Nella chiesa parrocchiale si trova una bellissima copia, appartenente alla chiesa, della famosa notte del S. Natale dipinta dall'immortale *Correggio*, il di cui originale esiste in Dresda. Questa chiesa nel 1827 è stata demolita ond'erigervi un nuovo magnifico tempio, che ora si sta costruendo.

La chiesa di S. Pietro

sulla piazza grande è la filiale della parrocchia di città nuova. In vigor di legato di Pietro Onorati, dal di lui figlio Bartolommeo nel 1367 fu edificata la prima chiesa che a spese di Erasmo Brasca Capitano di Trieste fu dipoi ristaurata nel 1500. La città per voto fatto all'occasione che v'infierì la peste nel 1602, eriger fece in contiguità all'antica altra chiesa più grande con facciata tutta di pietra lavorata, adorna di un finestrone rotondo sul gusto gotico la quale nel 1623, fu consegrata dal Vescovo Scarlichio. La chiesa antica perché molto danneggiata dal tempo, fu demolita nel 1822. Il bel quadro dell'altare laterale nella chiesa superstite rappresentante il principe degli apostoli in grandezza naturale, fu pennelleggiato dal celebre *Jacopo Palma* il vecchio, ma ai nostri giorni venne guastato da un pittore dozzinale il quale arrogantemente avea assunto l'incarico di rinfrescarlo.

La chiesa di S. Maria Maggiore

già pertinente all'Ordine de' Gesuiti è la parrocchia di città vecchia ove esiste nella contrada di S. Maria, e per la sua vastità e magnificenza primeggia fra le chiese di Trieste. Fondata da Giovanni Uldarico Principe di *Eggenberg*, il Vescovo Scarlichio nel 1627 ne pose la prima pietra fondamentale e fu consegrata dal Vescovo Gorizutti nel 1682. Questa chiesa a tre navate ha 8 altari ed un pergamo, tutti di marmo fino, essendo particolarmente lavorati con molto d'arte e i più suntuosi i due altari di S.Francesco Saverio e di S. Ignazio Loijola l'uno rimpetto all'altro sotto le navate laterali.

Le pitture degne di osservazione sono la tavola dell'altare di S. Francesco Saverio rappresentato nell'atto che predica la fede cristiana nelle Indie orientali, opera di un distinto allievo della scuola di *Luca Giordano*; e a destra dell'altar maggiore una testa di Madonna molto pregiata sì per l'avvenenza delle sembianze che per l'aria e le tinte, lavoro di *Giambattista Sassoferrato.*

La chiesa di S. Francesco

un tempo attinente all'abolito Convento de' P. P. Minoriti, esiste sulla piazza di Lipsia ed ora è la filiale della parrocchia di città vecchia. Secondo le memorie dell'archivio vescovile di Trieste, S. Antonio di Padova fondò il Convento nel 1229. Per tradizione poi si ha che la chiesa ed il Convento furono fabbricati nel detto anno da *Ferdinando Buglian*, o *Buglioni* Padovano. Questa chiesa in cui vi sono 5 grandiosi altari di marmo fu per la prima volta consacrata dal Vescovo Givardo nel 1234, venne indi risarcita, ampliata e di nuovo solennemente consegrata nel 1774, sotto il titolo della B. Vergine del Soccorso di S. Francesco e di S. Antonio dal Vescovo triestino Conte di Herberstein e da Monsignor de' Piccardi Vescovo di Pedina, e nel 1813, sì internamente che esternamente fu ristaurata e migliorata.

La chiesa ed il Convento delle Monache Benedettine

esistono in città vecchia sul monte nella contrada perciò detta delle monache. Parecchie vedove e zitelle segregate dal mondo e dedite alla divozione ed all'orazione dirette da divota donna Lucia de Pellegrinis, conseguirono dal nostro vescovo Arlongo la conferma della loro società, osservante la regola di S. Benedetto. Dopoché nel 1369 furono dai Veneti distrutte le loro casuccie, queste pie donne coi loro proprj proventi eriger fecero l'attuale monastero in cui tutte si sono ritirate essendo stato confermato il loro ordine nel 1420 dal Sommo Pontefice Sisto IV. Per l'addietro queste monache andavano questuando per la città, ma nel 1545, dal Concilio di Trento ne fu ordinata la clausura. Nel 1458 fu loro assegnata la cappella di S. Cipriano che indi venne ridotta a chiesa, fu in seguito parecchie volte restaurata e finalmente ingrandita come si vede oggidì.

La cappella di S. Servolo

nella contrada della cattedrale e

La cappella di Sartorio

in città nuova al termine della contrada nuova sono entrambe proprietà di due ragguardevoli famiglie Triestine le quali per ispirito di religiosa pietà le aprono alla divozione del pubblico.

IX.

Comunità religiose.

La Comunità grec'orientale.

La Comunità grec'orientale, composta di soli Greci conseguì nel 1786, dall'Imperatore Giuseppe II. l'approvazione de' suoi Statuti co' quali fu stabilito che tutti gl'individui d'ambo i sessi propriamente greci professanti questa religione di rito e dogma orientale, essendo considerati membri del corpo della nazione, abbiano come tali accesso nella chiesa e partecipino della dilezione e beneficenza nazionale.

Dopoché i Greci orientali nel segregarsi dai membri della Comunità slavo-serbica abbandonarono la chiesa di S. Spiridione da essi eretta dalle fondamenta, in vigor di cesareo rescritto 9. agosto 1782, fabbricarono la loro chiesa attuale col fondo degli annui contributi che vi prestarono i nazionali. Questa chiesa dedicata alla SS. Trinità sotto l'invocazione di S. Niccolò ha la più dignitosa prospettiva, ed essendo situata immediatamente presso alle rive del mare, è alla libera vista de' bastimenti ancorati nella rada, dal bordo de' quali i naviganti greci possono assistere alle sacre funzioni. Nel 1819 i campanili sono stati elevati a maggiore altezza; e in generale tutta la chiesa venne ristaurata e rabbellita come lo indica l'epigrafe in greco posta sulla porta d'ingresso. Il tempio è intieramente secondo l'uso della chiesa cristiana orientale.

L' edifizio attiguo alla chiesa contiene nel primo piano la sala per le sedute comunitative, e nel secondo le belle, salubri e spaziose sale destinate per la scuola fondata nel 1783 e mantenuta a spese della Comunità nella quale, oltre l'istruzione nell'idioma greco, s'insegnano tutti gli oggetti che vengono trattati in una caposcuola normale. Presentemente la popolazione di questa Comunità oltrepassa le due mila anime.

La Comunità slavo-serbica.

Questa Comunità, composta d'individui oriundi dall'Erzegovina, dalla Bosnia, Dalmazia, e dalle Bocche di Cattaro per lo più negozianti e navigatori, conta più di 70 famiglie che formano, secondo la coscrizione del 1827, una popolazione di 350 anime. I privilegi impartiti nel 1751 alla Comunità dall'Imp. MARIA TERESA che nel 1772 ne approvò i di lei statuti organici, le vennero confermati nel 1793 dall'Imperatore FRANCESCO I. d'Austria, gloriosamente regnante.

La chiesa di questa Comunità sotto il titolo di S. Spiridione giacente presso al canale venne eretta dalle fondamenta con l'assistenza di S. M. l'Imp. *Maria Teresa* e compita nel 1751. Questa chiesa con due campanili è una delle più belle chiese di questo sito in tutto il Littorale austriaco-illirico, ed il suo interno è adornato con vera magnificenza. La pomposa prospettiva del tempio, secondo l'uso delle chiese cristiane orientali, è sormontata dalla croce e fino alla sommità ripiena di quadri dorati, simetricamente disposti. Ne' due grandi quadri che occupano tutta la lunghezza della parete a manca sono dipinti sopra tela a olio la creazione del mondo ed il giudizio finale. Due altri consimili quadri sulla parete a destra rappresentano l'uno la gloria del Paradiso e l'altro il primo Concilio ecumenico di Nicéa al quale assistono 318 vescovi con S. Spiridione e alla di lui testa scorgesi il primo Imperatore cristiano Costantino il Grande.

Nel campanile a destra v'è un grande orologio il quale, dopo quello della Borsa, è l'unico della città nuova che serve al comodo del pubblico. Nell'edifizio connesso con la chiesa la Rappresentanza Comunitativa tiene le sue adunanze in una spaziosa sala dov'è collocato l'archivio disposto col miglior ordine dal cancelliere Sig. Michele Bessarovich, e in altre due sale esiste la scuola fondata e dotata nel 1790 dal negoziante Sig. *Giovanni Miletich*, ch'è la sola in lingua slava in tutto il Littorale austriaco-illirico, sistemata dietro i regolamenti sovrani vigenti nelle I. R. scuole austriache.

La Comunità Evangelica della Confessione Augustana.

I membri di questa Comunità i quali sono quasi tutti Tedeschi, per lo più negozianti, e compongono una popolazione di circa 340 anime, fin dal 1776 tenevano le loro divote adunanze nella casa del Sig. P. F. *Renner de Österreicher*, uno de' primarj negozianti di Borsa. Quando poi l'Imperatore Giuseppe II. permise loro il pubblico esercizio del culto religioso, questa Comunità comprò la bella chiesa già sotto il titolo della Madonna del Rosario giacente sulla piazza vecchia, edificata nel 1634. Al disopra della porta maggiore d'ingresso venne applicato un dorato triangolo radiato con l'occhio dell'Onniveggente per simbolo della SS. Trinità a cui si dedicò la chiesa la quale aperta venne con grande solennità il dì 27. agosto 1786.

La tavola del magnifico altare marmoreo rappresenta l'effigie di Cristo Crocifisso, dipinta da buon pennello. Sulla mensa è collocata la sacra Bibbia con un crocifisso d'argento, ai lati del quale stanno sei alti candelabri.

In mezzo alla semplicità di questa chiesa pompeggiano due monumenti sepolcrali in marmo carrarese fatti erigere l'uno nel 1808 dal Sig. P. F. *Renner de Österreicher* alla memoria del Sig. *G. E. Dumreicher*, Console danese in Trieste, Fiume ec, primo Capo di questa Comunità; e l'altro nel 1823, dalla Sig. *Regina* vedova *Trapp* alla memoria dell'ottimo suo marito *Giorgio Enrico Trapp*, entrambi inventati e scolpiti dall'eccellente veneto artista *Antonio Bosa* con ammirabile maestria.

Questa Comunità possede anche un proprio cimitero in una bellissima situazione nel quale si trovano diversi interessanti cippi sepolcrali.

La Comunità Evangelica della Confessione Elvetica.

Questa Comunità comprende nel suo grembo dei Tedeschi, degl'Inglesi, degli Olandesi, dei Francesi, e degli Svizzeri che sono i più numerosi. Per l'addietro il culto divino si teneva privatamente presso il Sig. *R. F. Juvalta*; ma dopo l'editto di Tolleranza, la Comunità con la permissione della Cesarea Corte fece la compera dell'abolita chiesa di S. Silvestro, esistente nella contrada di questo nome accanto al magnifico tempio di S. Maria Maggiore. L'acquistata chiesa fu dedicata a Cristo Salvatore, e solennemente aperta la prima volta il dì 22. ottobre 1786. Questa non grande chiesa a tre navi con sei colonne di pietra si rende notevole per la sua origine e per la sua antichità, essendo stata edificata nel sito medesimo ove un tempo esisteva l'abitazione delle gloriose Vergini e Martiri sorelle SS. Eufemia e Tecla Triestine e stata essendo il primo tempio e la cattedrale della città. Nel 1817 questa chiesa fu ristaurata e ridotta a più vaga forma.

Il servigio divino ogni bimestre viene tenuto in idioma tedesco, e negli altri mesi in italiano. Questa Comunità è composta di circa 300 individui.

La Comunità Israelitica.

Italiani e Tedeschi, nella massima parte, compongono la popolazione di questa Comunità la quale oltrepassa le 2000 anime.

S. M. l'Imperatore gloriosamente regnante le ratificò le grazie largite dagli augusti suoi Proavi, tutelandovi perfino l'interno regolamento organico della Comunità e il di lei istituto di pubblica educazione.

Dei tre edifizj destinati al culto, quello sotto il Nr. 2. in contrada delle vecchie scuole israelitiche è il più vasto ed il più maestoso, e fu riformato ed abbellito a spese della Comunità nel 1798. Il culto divino viene esercitato in lingua ebraica; il formulario delle orazioni poi fu tradotto in italiano e stampato in Vienna. Ogni sabbato dal primo maestro di religione il Sig. Moisè Zacuto Norsa si tiene un discorso dottrinale alla gioventù sopra argomenti morali. La caposcuola tedesca israelitica per la gioventù maschile e la pubblica scuola per le fanciulle esistono nell'edifizio comunitativo in contrada del Corso Nr. 662. Delle ulteriori nozioni rispetto alle Comunità religiose trovansi nella mia — *Compiuta e distesa descrizione di Trieste.*

X.

La Borsa mercantile. Ditte di Borsa. Ditte approvate. Stabilimenti di Sicurtà. Sensali patentati. Listino de' prezzi correnti delle merci, e de' cambj e delle valute.

Col Cesareo rescritto 20 giugno 1755, essendo stata accordata l'apertura di un Uffizio di Borsa, per il corso di mezzo secolo la Borsa mercantile di Trieste tenne le sue radunanze nelle stanze terrene del palazzo curiale sulla piazza grande, a tenore del regolamento sovranamente approvato, in virtù del decreto della Camera Aulica datato li 2 luglio 1804, tuttora vigente.

La prima pietra fondamentale del presente edifizio di Borsa fu posta il dì 7 maggio 1802, dal Vescovo de' Buset che n'eseguì la solenne ceremonia in abito pontificale al cospetto di tutte le costituite Autorità. La fabbrica che alla società de' negozianti azionisti costò più di 360,000 fiorini d'Augusta, fu compita nello spazio di 4 anni, e la sua apertura seguì li 8. settembre 1806.

La Borsa mercantile in Trieste formata dall'unione delle principali Ditte commerciali insinuate, ed approvate, è instituita per eseguire gli ordini del governo in oggetti di commercio, dargli le sue informazioni, ed il suo consultivo parere secondo che ne viene richiesta e comunicargli i risultamenti de' suoi proprj studj per il maggiore promovimento del commercio e della navigazione.

La Borsa è rappresentata dalla sua Deputazione, composta di sei individui i quali sono eletti per ballottazione dal grembo de' negozianti di riconosciuta probità e lumi, vengono confermati dal Governo e durano nel loro uffizio per tre anni con l'alternativa presidenza di sei in sei mesi per cadauno. Il primo Deputato ha la principale direzione degli affari. Oltre i sei Deputati effettivi vi sono altri quattro Deputati aggiunti, un Attuario ed un Vice-Attuario. Dall'intiero corpo de' negozianti ascritti alla Borsa si forma la Consulta composta di 40 de' più illuminati ed esperti individui i quali pure vengono confermati dal Governo. La Borsa assume la decisione delle cause compromissoriali nelle mercantili vertenze di persone addette al commercio e segnatamente la regolazione delle avarie, e avanti l'apertura di formale concorso può conciliare degli accomodamenti fra i quali quello pure che alcun commerciante per infortunio, ridotto nel caso di momentanea ed assoluta insolvenza, bramasse di fare co' suoi creditori, siccome può intraprendere nelle vertenze stragiudiziali gli estimi ed incanti volontarj per la vendita di effetti mercatabili in pubblica licitazione. Ne' casi straordinarj ove si tratti dell'interesse di tutti e singoli i trafficanti può aver luogo la radunanza generale dell'intiero corpo mercantile della piazza sotto cui s'intendono tutti i trafficanti di qualunque classe approvati e non approvati, addetti però costantemente al commercio.

In vigore dell'aulico Decreto 12. febbrajo 1826, per venire ascritto alla Borsa bisogna aver riportato dall'eccelso Governo del Littorale illirico-austriaco il decreto d'approvazione del negozio e di aggregazione alla classe de' negozianti all'ingrosso. Presentemente le Ditte di Borsa in Trieste sono in numero di 48, le Ditte approvate all'ingrosso 53, le Ditte approvate all'ingrosso ed a minuto 7, e 2 quelle approvate a minuto.

La Loggia e l'Uffizio di Borsa sono aperti tutti i giorni feriali dalle ore 9 della mattina, sino ad un'ora dopo pranzo e dalle 3 fino alle 6 pomeridiane; ma le ore propriamente di Borsa sono dalle 11 antimeridiane sino ad un'ora dopo mezzogiorno.

Sotto l'atrio dell'edifizio di Borsa è applicata al muro

una tavola nera nella quale ogni giorno viene indicato l'arrivo delle poste.

Stabilimenti di Sicurtà.

Gli stabilimenti di sicurtà in Trieste instituiti con sovrana approvazione hanno per iscopo di eccitare i negozianti a delle grandi imprese, d'assicurare il commercio lontano e di elevare il credito mercantile della piazza. Essi garantiscono il valore delle spedizioni di merci ne' mari e porti i più rimoti per il caso di ogni sinistro cagionato dalle rivoluzioni degli elementi, da naufragi, da incendio, da getto al mare, da rappresaglia e da piraterie verso l'obbligo di un premio calcolato secondo la lontananza, il pericolo ed i rapporti politici degli Stati. Gli Stabilimenti di Sicurtà in Trieste attualmente sono i seguenti:

Camera d'Assicurazione.

Direttori: Sig. Pietro Gozzi, P. F. Österreicher, Andrea Griot.

Banco d'Assicurazione.

Direttore perpetuo: Gio. Guglielmo Sartorio.
Direttori temporarj: F. E. J. Baraux e Giacomo Rota.
Revisori: Joachimo Hierschl e Philipp Kohen.

Nuova Società Greca d'Assicurazione.

Direttori: Paolo Moraitini, Gio. Drosso Plastarà, Michele Vucetich. Registratore A. Scordilli.

Assicuratori Marittimi.

Soci e Direttori: Reyer e Schlik, Francesco Gattorno, Crampagna Kern e Comp. I. Hagenauer, A. I. Parente. Registratore G. C. Grassi.

Greco Banco d'Assicurazione.

Direttori: Demetrio Stratti, Marco Kuchuich, Antonio di Demetrio. Registratore Emmanuele Cossantelli.

Adriatico Banco d'Assicurazione.

Direttori: P. Dutilh, D. A. Paris, A. Ralli.

Revisore Anastasio Millio. Registratore Angelo Giannichesi.

Stanza di Assicurazioni.

Direttori: G. M. Damillo, Niccolò Postolacca, Andrea Cloconi, Antonio di Demetrio. Registratore Giorgio Xenis.

Società Bocchese di Assicurazione.

Direttori: Matteo Co. Ivanovich qm. Giorgio Paolo, Luca Dabinovich, Niccolò Tripcovich, G. Elia Bratich. Registratore F. Belusco.

Nuovo Scrittorio di Sicurtà.

Direttori: Vincenzo Benedetti, F. F. Giraud, Andrea Pillepich f. f. di Registratore J. Moraldi.

Nuovo Stabilimento di Assicurazioni.

Direttori: A. M. Antonopulo, C. Morell, Giovanni Premuda, M. L. Mondolfo, Antonio Cassis.

Gabinetto di Sicurtà.

Deputati: D. Buchler, J. V. Minerbi, Albano Oblasser, Marco Parente. Direttore J. Rodrigues da Costa. Registratore C. di J. Levi.

Società Orientale d'Assicurazione.

Direttore e Deputato permanente: Cesare Cassis Faraone. Deputati: Alessandro Sarejanni- Vlastò, E. C. Schilrade e Francesco Cardaby.

Compagnia degli Amici Assicuratori.

Direttori: Giuseppe Padovani, Matteo Coen, Michele Rodocanachi.

Banco Illirico d'Assicurazione.

Direttori: Cristoforo Czvietovich, Jacob Curiel, Alessandro Galatti, Giuseppe Bousquet. Registratore G. B. Silverio. Revisore Giovanni Capari.

Concordia d'Assicuratori.

Direttori: Raphael Salem, Giov. Rajovich, Giov. Buschek, Luigi de Rocco. Registratore R. M. Morpurgo. Consultore G. L. Morpurgo. Revisori Vital Vivante e Gasparo Bozzini.

Nuova Compagnia d'Assicurazione.

Direttori: Paolo Grassi, Schnell-Griot, Ant. Tichy.

Società Triestina d'Assicurazioni.

Direttori: David d'Ancona, G. Scaramangà, Niccolò Poppovich. Registratore Paolo C. Mauro Cordato.

Austriaca Compagnia d' Assicurazioni.

Direttori: Giorgio Göschen, Moisè S. Levi, Carlo Buschek, A. Almeda.

Oltre gli accennati Stabilimenti di Sicurtà a favore della navigazione v'è altresì l'importantissima

Azienda Assicuratrice,
contro i danni del fuoco e delle intemperie

della quale è Presidente il Sig. F. T. de Reyer.

Direttori: Sigg. Guglielmo Kern, Leon di Philipp Kohen, Giov. Buschek, G. L. Morpurgo, e Segretario il Sig. C. L. de Bruck.

L'Azienda, oltre i rischi marittimi, assume quelli degl'incendj, e le sicurtà pelle merci viaggianti per terra e fiumi.

Lo stato nominale de' Sensali patentati sta sempre affisso alla Loggia della Borsa. Presentemente i patentati Sensali di merci sono 70, i Sensali di cambj e valute 19, e 10 i Sensali di noleggi e sicurtà.

Un'apposita Commissione di Sensali giurati e patentati di Borsa compila e pubblica settimanalmente ogni Lunedì il Listino de' prezzi correnti delle merci, e tutti i Lunedì e Giovedì quello de' cambj e delle valute, e nel di lei uffizio stabilito nell'edifizio di Borsa si dispensano le copie settimanali di detti Listini.

XI.

Consoli di Commercio delle potenze estere.

Questi Consoli di Commercio in Trieste nominati vengono dalle rispettive Corti, ma devono conseguire il Cesareo Exequatur de' loro diplomi. Essi espongono al di fuori delle loro abitazioni lo stemma del Sovrano che rappresentano e nelle solenni funzioni pubbliche compariscono in un proprio uniforme. I Consoli di Commercio esteri attualmente residenti in Trieste sono i seguenti :

Per l'America. Il Sig. Giorgio *Moore*, Console degli Stati-Uniti americani.

Per la Baviera. Il Sig. *Schnell - Griot*, Console.

Per la Danimarca. Il Sig. G. F. Cav. *Renner de Österreicher*, Console generale.

Per la Francia. Il Sig. Cav. Conte de la *Rue*, Console.

Per la Gran Bretagna. II Sig. Giorgio Colonello *During*, Cav. Dell'Ordine de Guelfi, Console. Il Sig. Enrico Bynner, Vice-Console.

Per Modena. Il Sig. Cav. *Renner de Österreicher*, Agente consolare.

Per Napoli. Il Sig. Cap. Ferdinando *Scaglia.* Console generale.

Per la Corte Pontificia. Il Sig. Carlo Antonio *de Maffei*, Console.

Per la Porta Ottomana. Il. Sig. Michele *Basili* Schachenbender, gerente il Consolato generale.

Per la Prussia. Il Sig. Antonio *Tichy*, Console.

Per la Russia. Il Sig. de Coronelli, imp. Consigliere di Stato russo, Console generale.

Per la Sardegna. Il Sig. Girolamo Cav. *Belusco*, Console.

Per la Sassonia. Il Sig. Giovanni Guglielmo *Martorio*, Console.

Per la Spagna. Il Sig. Francesco de *Collin*, Console.

Per la Svezia. Il Sig. Gio. Lodovico *Weber*, Console.

Per la Svizzera. Il Sig. Teodoro *Necker*, Console.

Per la Toscana. Il Sig. Bartolommeo de *Hochkofler*, Console generale.

Per la Corte di Virtemberga. Il Sig. Guglielmo Kern, Console.

Pel Brasile. II Sig. Augusto Cav. de *Henikstein*, Agente Consolare.

Per i Paesi-Bassi. Il Sig. Daniele Pietro *Dutilh*, Console.

Per Lucca. Il Sig. de *Collin*, Agente Consolare.

XII.

COMMERCIO, SUA STORIA ANTICA, ED ATTUALE ESTENSIONE, E NAVIGAZIONE TRIESTINA.

Per Capodistria principalmente era diretto il commercio dell'Austria, e della Germania fino alla seconda metà del secolo XV. Non essendo allora carreggiabili le strade 40,000 animali da basto, senza comprendervi i carri e le barche, vi recavano i prodotti della Germania, e n'esportavano gli olj, i vini ed i sali dell'Istria. A queste carovane recarono delle molestie i Triestini protetti dall'Imperatore Ferdinando III. e costrinsero i trafficanti tedeschi e cragnolini a scaricare le loro merci in Trieste. Ciò diede origine a molte ostilità fra la nostra città e Capodistria la quale sostenuta dalla Repubblica veneta assediò Trieste con delle considerevoli forze di terra e di mare, ma essendovisi interposto il Pontefice Pio II. Durante l'assedio fu conchiusa la pace, ed il commercio si riaperse come per l'addietro. Varie disposizioni furono in seguito prese dalla Cesarea Corte onde incamminare per la via di Trieste l'esportazione degli articoli minerali e d'altri prodotti nazionali, e promuovere per la stessa via l'introduzione degli olj e de' vini istriani, ma il commercio di Trieste non potè mai rendersi importante se non dal momento che questa città fu dichiarata porto-franco. Il riattamento delle strade, le ampliazioni del porto e la buona accoglienza degli esteri qui concorsi per stabilirvi il loro domicilio elevarono Trieste verso la fine del secolo XVIII. al rango delle principali piazze mercantili ed ebbero per conseguenza tale moltiplicità ed estensione di affari commerciali che, se nel 1770 l'esportazione per acqua importò circa 7 milioni di fiorini, fino al 1790 si può ammettere che sia ascesa oltre a 18 milioni. Il lucrosissimo commercio del Levante aumentatosi mediante le molte case greche qui domiciliate procurò in seguito una sempre maggiore vivacità a questa piazza che diede uno straordinario impulso ai prodotti e alle fabbriche dello Stato austriaco.

L'Austria, la Moravia, la Boemia, l'Ungheria, la Slesia, gli Stati della Confederazione germanica, e la Svizzera mandano le loro telerie, vetraglie, minerali, panni, tabacchi, lana, potassa, ed altri simili generi a Trieste donde per acqua trasportati vengono nell'Italia, nel Levante, e nelle più rimote regioni dell'Asia, dell'Affrica, e dell'America.

La bandiera di commercio austriaca specialmente mediante le imprese del ceto mercantile di Trieste sventola in tutti i porti frequentati dall'odierna navigazione. Dal 1776 fino al 1786, scorsero le coste del Malabar, del Coromandel e della China parecchie grosse navi mercantili di costruzione triestina spedite per la China direttamente da Trieste le quali, dopo d'aver smaltiti con grande vantaggio i loro carichi, rientrarono in questo porto coi tesori dell'Indie, avendo in questo commercio l'Austria ricevuto per le sue mercanzie più di altrettante merci delle Indie orientali. Negli anni 1803 e 1804 sono stati impiegati da 600 bastimenti patentati e 3260 legni del cabotaggio per l'importazione, e circa 2500 fra navigli e piccole barche per l'esportazione. Secondo le tabelle dell'Uffizio del porto, Trieste nel 1803 ebbe un'importazione marittima per milioni 26,727,350, ed un'esportazione di 29,210,470, e nel 1804 un'importazione di 30,714,348, ed un'esportazione di 24,342,930.

Dopo il fausto ritorno di Trieste al suo legittimo Sovrano il commercio di questa piazza che già soggiacque ad una crisi perniziosa, non solo si è ristabilito, ma accrebbe di molto il suo vigore ed attività. Negli anni 1819 e 1820, oltre gli approdi di circa 300 bastimenti a lungo corso e molti navigli inglesi , ottomani e d'altre potenze vi arrivarono 22 bastimenti americani. Nel 1821 entrarono in questo porto 639 bastimenti a lungo corso coi carichi di 177,473 tonnellate, la maggior parte de' quali con bandiera austriaca provenienti dal Levante e da altre parti del mondo e salparono da questo porto 613 bastimenti con carichi per tonnellate 89,152, fra i quali 217 con paviglione austriaco e 20 con quello dell'America settentrionale. Durante l'anno 1821, arrivarono 2933 navigli del cabotaggio con vessillo austriaco, napolitano e pontificio carichi di tonnellate 94,050 e ne partirono 2561, di ton. 88,010. Per conto poi della Cesarea Corte al 10 settembre 1820, avendo fatto vela da Trieste per la China l'imperiale fregata austriaca "L'IMPERATRICE CAROLINA" carica di mercurio delle miniere erariali d'Idria, al 10 luglio 1822 giunse felicemente di ritorno in questo porto coi prodotti di quella rimota regione.

XIII.

Fabbriche, manifatture, e mestieri.

Tra le fabbriche insinuate ed approvate sono le seguenti:

La fabbrica di cere di Trieste.

La fabbrica di Cremor di Tartaro di Coen e Finzi, la quale è una delle principali fabbriche di questo genere in Italia.

La fabbrica di pellami d'Antonio Kunz.

Le fabbriche di rosolj di Giacomo Balleti, di Gio. Maria Tomas, e d'Antonio Vassilli.

La grande fab. di saponi d'olio di C. L. Chiozza e figli, la quale non solo primeggia nel numero delle fabbriche triestine; ma essendo superiore a tutte le saponerie di Marsiglia, può considerarsi la più vasta fabbrica di questo genere in Europa.

Oltre le indicate fabbriche ve n'ha molte altre ancora che non sono insinuate alla Borsa, ma che fanno dei considerevoli affari fra le quali parecchie di cera, di paste, di confetture, di cioccolate, di cappelli, di carte da giuoco ec. non ché una riputata fabbrica di fortepiani, e quattro grandi manifatture di mobiglie de' legni i più fini ed i più rari, lavorati con l'ultimo grado della solidità, della precisione e dell'eleganza.

Attesa l'assoluta libertà de' mestieri regna negli artisti una gara i di cui utili risultamene consistono nella sempre maggiore raffinatezza di lavori, nella perenne ridondanza d'ogni articolo, e nella conseguente moderazione de' prezzi.

XIV.

ISTITUTI D'ISTRUZIONE.

L'I. R. Accademia reale e di nautica.

Sua Maestà l'IMPERATORE con sovrana risoluzione del 6 febbrajo 1817, decretò l'istituzione di questa Accademia la quale nel maggio di detto anno venne aperta nel civico edifizio Nr. 1015, giacente sulla piazza Lipsia, del quale la Comunità di Trieste fece l'acquisto per la somma di 68,000 fiorini d'Augusta. Questo bello e vasto edifizio nel 1821 fu risarcito ed ampliato, ed i suoi locali addattati vennero ai bisogni delle scuole, essendo stata altresì eretta la specola per lo studio nautico.

Il dotto Sig. Giuseppe *de Volpi* ch'è il direttore di sì interessante istituto, nel tempo stesso tratta le scienze naturali, essendo alle altre cattedre assegnati 13 professori, riputati per ingegno e sapere. Gli oggetti d'insegnamento sono: La religione e la morale, la matematica pura ed applicata, la nautica teorica e la pratica del piloto, l'aritmetica, la scienza del commercio, la scrittura doppia e la cameralistica, la storia universale, e del commercio, e la geografia, la grammatica tedesca e lo stile, il diritto cambiario e marittimo, la manovra e costruzione navale, l'architettura civile, il disegno, le lingue italiana, francese, inglese, e la caligrafia.

La scuola matematico-nautica, oltre di essere provveduta, a spese del Sovrano erario, di tutti i libri giovevoli e degli strumenti necessarj, per la nautica, e l'astronomia, per la geometria e l'arte dell'agrimensore, è incoraggita con la fondazione di 4 stipendj che vengono corrisposti dalla Cassa civica e di uno stipendio privato istituito da S. E. il Conte de' *Zinzendorf*, fu Governatore di Trieste.

La città di Trieste presta l'annuo sussidio di fior. 4550, e la Borsa mercantile quello di fior. 2000, per le spese di questo istituto che annualmente importano la somma di fior. 10,400, delle quali 3950 vengono pagate dal tesoro dello Stato che supplisce anche alle altre annue straordinarie esigenze.

In questo grandioso stabilimento ch'è il secondo di tal genere nell'austriaca Monarchia, si è altresì recentemente eretto un museo di storia naturale e di mercinomia.

L'I. R. Capo-Scuola normale.

La prima scuola normale in questa città fu eretta nel 1774. In contrada delle scuole accanto al chiostro delle Monache è stabilita l'attuale I. R. Capo-Scuola normale nel già edifizio del Seminario che nel 1821 fu generalmente ristorato, dilatato ed accresciuto di un piano.

Direttore di questa Capo-Scuola è il Sig. Giuseppe *Burger* il quale anche insegna la didattica e la metodica speciale per i candidati delle Capo-Scuole normali e delle scuole elementari, e per i maestri di casa. Il rimanente personale d'insegnamento è composto di un catechista, di due maestri della quarta classe, di cinque maestri delle classi inferiori, tre aggiunti, di un maestro di disegno, c di un aggiunto.

L'annua tassa è di fior. 3, kar. 40. Gli scolari della terza e quarta classe pagano kar. 30 al mese per cadauno. Questa Capo-scuola che annualmente costa la somma di fior. 5060, nella maggior parte viene sostenuta dal fondo scolastico, a di cui peso cadono altresì tutte le altre spese straordinarie. Qualche contributo vi presta il fondo di religione per il catechista.

Nella città nuova esistono

Le Capo-Scuole minori

istitute nel 1827, sostenute da un Direttore e catechista, da tre maestri ed un aggiunto.

Istituti privati d'istruzione e di educazione per la gioventù.

Fra questi istituti primeggia l'istituto *d'istruzione ginnasiale del Sig. Dr. Gessner*, nel quale s'insegnano tutti gli oggetti ginnasiali delle classi grammaticali e dell'umanità come trattati vengono ne' pubblici ginnasi. Vi sono poi parecchie altre principali scuole elementari private per la gioventù disperse nelle differenti sezioni della città fra le quali si distingue *l'Istituto di educazione e d' istruzione di Madama Derffl* in cui le fanciulle, oltre i lavori donneschi, vengono fondatamente istruite in tutte le materie che si trattano nella scuola normale tedesca, nel disegno, nelle lingue italiana e tedesca e francese, e nella musica.

XV.

La Biblioteca pubblica. Il foglio periodico: L'Osservatore Triestino. Tipografie, calcografia, litografia, e negozj di libri.

La pubblica Biblioteca di Trieste venne istituita dall'Accademia degli Arcadi Romano – Sonziaci – Tergestini, sotto gli auspici di S.E. il Conte Pompeo *Brigido* Governatore di Trieste, e fu dapprincipio situata nel piano-terreno del palazzo curiale. Il detto corpo accademico avendo in seguito offerto in dono alla città di Trieste l'intiera collezione de' libri con tutti gli effetti ed utensili, onde la biblioteca era già congruamente corredata, dopoché dalla sovrana Corte ne fu approvato il dono, la città con atto formale di donazione assunse l'obbligo di mantenerne la perpetua indivisibilità dei libri che possedeva non ché di quanti altri in avvenire acquistar ne potesse. Allora la biblioteca dal luogo della sua origine fu trasferita nel 1. piano dell'edifizio magistratuale, e venendo aperta con solennità prese il nome di *Biblioteca Pubblica della città di Trieste.* Al Sig. *Giuseppe de' Coletti*, già segretario perpetuo dell'Accademia, fu conferita la carica di bibliotecario con l'appuntamento di fior. 400, e furono assegnati fior. 200 di stipendio al di lui assistente, e fior. 600 all'anno per le spese della conservazione ed incremento degli oggetti della biblioteca. Dopo di essere stata trasportata negli ultimi anni in due diversi locali, questa biblioteca nel 1820 venne stabilmente collocata nel 2. piano dell'edifizio civico assegnato a questa I. R. Accademia dove fu riunita alla biblioteca nautica. Tra i libri ch'essa possede vi sono varie edizioni latine ed italiane del MCCCC. e MD. ed altre tedesche, greche, e in carattere gotico e semi-gotico con rami ed incisioni in bosso dei primi tempi della tipografia e calcografia. Si è altresì formato in essa un piccolo museo dove si raccolsero le antichità numismatiche e statuarie, segnatamente di quelle scoperte in Aquileja, Trieste ed Istria, le quali parte sono collocate nell'atrio e parte nella stanza d'uffizio della biblioteca. L'attuale bibliotecario è il Sig. Professor *Lugnani*, vantaggiosamente noto al mondo letterario per le molte sue produzioni in prosa ed in versi. La biblioteca è aperta tutti i giorni feriali dalle ore 9 antimeridiane fino alle 12 e dalle 3 alle 6 pomeridiane.

L'Osservatore Triestino ch'è la prima gazzetta uscita alla pubblica luce in Trieste nel 1784, è finora l'unica gazzetta italiana in tutta l'Illiria. Questa gazzetta dapprincipio non conteneva che notizie politiche; in seguito le fu aggiunta l'appendice uffiiziale. Dopo la morte del Sig. Bibliotecario de' Coletti, suo primo compilatore permanente cessata essendo la *Gazzetta di Trieste* della quale mi occupai per il corso di due anni, la compilazione dell'*Osservatore Triestino* venne assunta da me. Col dì 1 gennajo 1819, questa gazzetta accresciuta di forma e di contenuto con diversa disposizione, venne da me corredata di notizie sul commercio e di un permanente articolo di *Varietà*, e in luogo di due volte fu pubblicata tre volte per settimana; il che si continua tuttora.

Nel 1825 poi ho io per la prima volta compilato il *Mercurio Triestino* di contenuto intieramente commerciale.

Quattro sono presentemente le Tipografie in Trieste, cioè: *La Tipografia degli eredi Coletti, la Tipografia Maldini, la Tipografia Weis, e la Tipografia di Giovanni Marenigh,* che acquistò una gloriosa rinomanza per le sue rare e magnifiche produzioni date in Firenze generalmente ammirate.

Esiste da molti anni l'unica regolata *Calcografia* di Stefano Papacizza e nel 1824 si è stabilita la sistemata *Litografia* Degenhart.

I negozj di libri in questa città sono i seguenti: Il negozio di libri italiani con carte idrografiche di *Giovanni Orlandini*; il negozio di libri tedeschi della *Ditta Perisutti*; il bene-assortito negozio di libri italiani di *Luigi Sola* dove si ricevono le associazioni alla maggior parte delle produzioni letterarie d'Italia, ed il negozio di libri tedeschi, italiani, inglesi, francesi, carte geografiche e musicali ed altri oggetti d'arte, di *Paolo Schubart*, sotto da *Ditta Geistinger e Comp.* dove gli amatori de' libri divertevoli tedeschi, italiani, inglesi e francesi possono procurarsi un'amena e varia lettura a molto discrete condizioni.

XVI.
Il Gabinetto di Minerva.

Questo gabinetto venne fondata verso la fine del 1809 da una società di ragguardevoli personaggi amici delle muse, di colti negozianti e di nobili privati, essendo io stesso nel numero de' soci suoi fondatori. Le tendenze di questo gabinetto non sono già quelle di un'accademia scientifica, o di una società letteraria avendo esso per suo unico scopo il procacciare ai soci ed alle persone colte un perenne trattenimento di lettura sopra i varj rami dello scibile, e sulle arti in generale, non che ogni specie di letterario passatempo.

Negli statuti organici del gabinetto stampati nel 1810 compariscono i nomi de' soci fra i quali vi si scorgono quelli di parecchj letterati. Questa società provveduta per le sue radunanze di un appartamento comodo e decente in situazione centrica della città aperse tostamente il gabinetto agli associati amatori della letteratura e delle arti, fissandone le ore dalle 8 della mattina fino alle 10 della notte; dopo di che continua sempre ad essere giornalmente frequentato.

I protettori del gabinetto sono: S. E. il Sig. Governatore, Monsignor Vescovo e il Sig. Generale comandante militare; ed i Soci onoranti il Sig. Presidente del Giudizio Civico Provinciale, il Sig. Presidente del Tribunale mercantile e di cambio, il Sig. Direttore di Polizia, ed il Sig. Preside del Magistrato. I protettori ed i soci onoranti godono di tutti i diritti comuni agli altri soci senza verun aggravio, né obbligo.

I soci si dividono in soci fondatori del gabinetto ed in soci aggregati il di cui numero è senza limitazione semprecchè sieno persone colte e di buona fama, o professori, o cultori, o promotori e mecenati di qualche scienza , o di alcuna o in generale delle belle arti. L'andamento del gabinetto è appoggiato a tre Direttori coi titoli di Direttore-Censore, Direttore-Economo, e Direttore-Archivista. Tutti i soci pagano al Direttore-Economo di trimestre in trimestre anticipatamente l'annuo canone di fior. 24 m. c. ed hanno tutti uguali doveri e diritti. Ogni socio, avendone prevenuti i Direttori, può presentare alla società de' forastieri letterati, artisti e fautori di scienze, i quali così acquistano il diritto di frequentare il gabinetto al par d'ogni socio. La presentazione e permanenza d'ogni ospite viene registrata nel giornale, ed egli può senz'alcuna spesa visitare il gabinetto per lo spazio di un anno, oltre il quale prolungandosi la sua dimora in Trieste, viene proposto per socio. Dal mese d'ottobre fino al mese di maggio ogni venerdì di sera si tengono a vicenda le conversazioni letterarie e piacevoli consistenti le prime nella lettura delle produzioni de' soci sopra oggetti di scienze o d'arti; e le seconde in un accademico aggradevole trattenimento di poesia, di declamazione, e talvolta anche di musica. Il gabinetto possede una propria biblioteca contenente più di 3000 volumi, d'ogni scienza, d'ogni lingua e d'ogni sesto, in gran parte avuti in dono dai soci, parte comprati coi proventi del gabinetto, parte donati da' Mecenati, ed è associato a molti giornali letterarj nazionali ed esteri e a trentatré de' migliori fogli politici italiani e tedeschi. La filantropia ed il patriotismo sono le doti caratteristiche degl'individui componenti questa società la quale si è prefisso per suo nobile scopo di sollevare e beneficare con ogni suo mezzo la patria e l'umanità. Questo istituto fu visitato da tutti i letterati insigni, da più ragguardevoli forastieri e da principi che, passando per Trieste, vi lasciarono autografa memoria di sé; e da tutti fu trovato superiore ad ogni loro aspettativa in una città che per la sua destinazione mercantile non sembra esservi favorevole. Il gabinetto presentemente esiste in contrada di S. Sebastiano nella casa Nr. 187 in 1. piano.

XVII.

Antichità romane.

Preziosi per la storia patria, e per l'onore delle belle-arti sono que' venerandi avanzi della sempre giovine Antichità che tuttavia sussistono nella nostra città. Uno de' monumenti più gloriosi e più interessanti per Trieste si è quello appoggiato alla facciata della chiesa di S. Pietro consistente in una grande pietra bianca quadrata che già serviva di piedestallo alla statua equestre dorata con decreto del magistrato e dei Decurioni della repubblica e colonia di Tergeste eretta a Fabio Severo, suo concittadino, amplissimo senatore romano sommamente stimato dall'Imperatore Antonino il Pio per i suoi grandi talenti e per le sue esimie virtù, onde si rese altamente benemerito verso la patria.

Nella contrada di Rena, nell' orto Voxilla sono ancora visibili degli avanzi appartenenti ad un teatro di forma greca. Gli stipiti della porta maggiore della cattedrale di S. Giusto sono formati da un'insigne lapide della senatoria famiglia Barbia Romana, segata in due parti. Ai due lati del campanile si trovano due iscrizioni, l'una all'Imp. Costantino il Grande, e l'altra a Lucio Vario Papirio Papiriano, Prefetto degli artisti in Roma e Tergeste. In altre parti del campanile, sulla facciata della cattedrale, e in due cappelle di questa chiesa, sulle piazze vecchia e Lipsia, su quella detta di S. Pietro ch'è la piazza grande, nella casa Pegan Nr. 1313, nell'orto Pillepich sotto il castello ed in varj altri siti ancora della città e delle sue vicinanze si scorgono diverse lapidi e frammenti di antichità che vengono da me riportati nella mia — *Compiuta e distesa descrizione di Trieste.*

XVIII.

Stabilimenti militari.

La guernigione.

La solita guernigione di Trieste è composta di due battaglioni che formano un corpo di circa 1600 uomini collocati in due caserme.

L' artiglieria di guernigione composta di 70 artiglieri, oltre un munizionere, occupa l'edifizio attiguo al Lazzaretto vecchio.

Le caserme e l'ospitale militare.

La grande caserma militare giace nella contrada del torrente. Questo bello e vasto edifizio di due piani con buona disposizione interna, capace per 1200 uomini fu eretto nel 1766, ed assegnato al militare sotto l'Imperatore Giuseppe II. nel 1785. Dal primo cortile ov'esiste la cappella si passa alla piazza dell'evoluzioni militari che nel 1821 fu molto dilatata coll'aggiunta di un terreno donato dal magistrato al militare; nella qual occasione essendo stata aperta una nuova strada in contrada di Romagna, questa caserma si rese da ogni parte isolata. Comprendonsi in essa diversi magazzini e stallaggi. Nel 1790, le fu aggiunto l'ospitale militare che in seguito venne più esteso, nel 1792, la pistoria e il deposito delle provvigioni, e nel 1796, il fondaco e i pubblici forni. Tutti questi erariali edifizj sono circondati da alto e forte muro con fosso esterno. Nel borgo Franceschino v'è l'altra vistosa caserma comperata nel 1808, per 155,000 fior. in cui viene alloggiato il rimanente della guernigione.

Il castello.

L'attuale castello sull'eminenza del monte Tiber venne eretto per ordine dell'Imperatore FEDERICO III., fu ristaurato sotto l'Imperatore MASSIMILIANO e finalmente sotto l'Imperatore FERDINANDO I. nel 1583. Esso è costruito con molta solidità, ricinto di ben alte mura, munito di quattro bastioni, dai quali domina tutte le alture. Alla sua porta d'ingresso trovasi un ponto levatojo. Sul principale de' suoi bastioni, di figura rotonda, sventola l'imperiale vessillo. Ne' tempi andati questo castello unitamente alla batteria civica bastava alla difesa di Trieste per terra e per mare.— Dal 1476 fino al 1750 in esso abitarono i Podestà e Capitani di Trieste. Presentemente non vi esistono che alcuni cannonieri per inalberare la cesarea bandiera e rispondere col cannone ai tiri di saluto che i navigli fanno alla città mentre arrivano nel nostro porto. — Nella guerra del 1813, questo castello essendo stato strettamente assediato, e da più parti battuto per ben due mesi, ne sofferse molti detrimenti e guasti.

XIX.

Stabilimenti di beneficenza.

L'ospitale civile.

Nel 1776, sotto il nome di ospitale generale e casa di poveri con pingue dotazione formata da varj fondi ed anche dall'incorporazione delle rendite dei soppressi ospitali di S. Giusto e della SS. Annunziata venne eretto a spese del civico erario nella contrada del torrente un pio ospitale per ricovero degli indigenti infermi d'ambi i sessi, e per gli orfani. Questo vasto edifizio nel 1785 fu convertito in caserma militare, e l'ospitale civile venne traslocato nell'antico episcopio, il quale essendo stato distrutto da' Veneti, era stato rifabbricato dal Vescovo Rodolfo, indi a più decorosa forma ridotto dal prelato Bonomo, e finalmente ristaurato ed ampliato dal Vescovo Niccolò Acoret, siccome consta dalle lapidi in esso esistenti.

Ora questo è l'unico pubblico ospitale in questa città. All'edifizio principale essendo stati successivamente aggiunti diversi attigui edifizj, esso è composto di tre grandi località che in complesso possono contenere da 400 individui compresi quelli dell'orfanotrofio. Gli ammalati divisi in quattro classi sono collocati in 42 addattate salubri stanze. A spese del pio istituto vengono mantenuti quegl'infermi che giustificano la loro povertà col certificato del medico, confermato dal Sig. Protomedico I.R. Consigliere; come pure le balie, e gl'incurabili.

Verso la cotidiana corrisponsione, per il mantenimento, di car. 15, o di car. 30 secondo la classe, vengono altresì accettati degli ammalati non poveri i quali godono gratuitamente l'assistenza de' medici e la somministrazione de' farmachi. Nell'ospitale vengono vaccinati gli orfanelli dal professore di ostatricia.

L'ospitale degli Israeliti.

Giacente in contrada del monte al Nr. 648, riconosce la sua primitiva origine dalle filantropiche sollecitudini delli Sigg. Benedetto *Frizzi* e Joel *Kohen* Dottori di medicina e Leone *Collmann* professore di chirurgia.

Ogni povero israelita ammalato onde venirvi accolto dee munirsi di un certificato d'indigenza sottoscritto da uno dei Direttori , Capi Comunitativi ed Amministratori. Verso il pagamento poi di una modica tassa vi si ricevono anche degli ammalati non poveri, i quali vi godono gratuitamente la medica assistenza e le somministrazioni della farmacia.

L'istituto generale de' poveri.

Nell'anno 1818 una società di privati, ottenuto avendo dal magistrato un addattato locale nel civico edifizio Nr. 1145, posto nella contrada del Lazzeretto nuovo, fondò l'Istituto di beneficenza e di lavoro, il quale continuò sino alla fine del detto anno. Questo privato stabilimento a favore de' poveri, insieme con tutti gli altri rami di pubblica carità venne quindi incorporato all'Istituto generale de' poveri il quale entrò in attività il 1 gennajo 1819, secondo le disposizioni organiche sancite da S. M. per il Litorale dietro i principi stabiliti per le altre Provincie dell'Austria.

L'appartamento principale è destinato per gli uffizj della Direzione e le abitazioni degl'impiegati. Il resto della casa diviso in due ripartimenti consiste in quattordici sale ventilate e salubri con 180 letti assegnate agli uomini, e in dieci altre sale con 150 letti per le donne. L'istituto mantiene da 300 individui, la metà de' quali soltanto può prestarsi al lavoro, il rimanente composto essendo di fanciulli che vi ricevono l'educazione e di vecchj infermicci inetti ad ogni occupazione. Nell'edifizio dell'istituto è stabilita una scuola elementare sostenuta dal cappellano che n'è il maestro ed il catechista. De' separati locali sono destinati per l'istruzione de' fanciulli ne' mestieri di tessitore, sarto, calzolajo e filatore, e delle fanciulle ne' soliti lavori donneschi e degli altri individui per altri lavori.

L'istituto dispensa anche a più di 400 famiglie indigenti della città che per l'addietro erano soccorse dalla cassa civica, dei sussidj in danaro di 2 , 3 fino a 5 fior. Al mese; oltre circa 200 porzioni di zuppa giornalieramente, e ricovra de' forestieri bisognosi finché trovano collocamento, o vengono spediti al loro paese. Le rendite dell'Istituto consistono nelle volontarie mensili contribuzioni degli abitanti, in doni e limosine, legati, interessi di capitali, ed in altri introiti straordinarj. Se il ritratto oltrepassa le spese di mantenimento del povero, il di più gli viene corrisposto in contante.

Il pio istituto di marina.

Questo istituto sussistente da lunghissimo tempo è stato fondato a sollievo de' marinaj nazionali indigenti e resi inabili dall'età, o da sinistri, e a favore delle loro vedove e figli. La di lui amministrazione è unita al magistrato centrale di Sanità sotto la dipendenza del Governo.

XX.

Spettacoli e divertimenti pubblici.

Il Teatro.

L'edifizio del teatro giacente sulla piazza di questo nome presso al palazzo governiale è una proprietà de' Sigg. Conti *Cassis.*

Il teatro di Trieste sì per la sua vastità che per la sua bellezza e meglio ancora per la magnificenza e moltiplicità delle decorazioni e delle rappresentazioni gareggia co' principali teatri d'Italia. La di lui apertura seguì nella primavera del 1801, con istraordinario sfarzo e concorso. Sulle scene triestine si produssero i primi cantori e le prime cantatrici d'Europa come pure i corifei della danza italiana.

Il teatro è composto di quattro ordini di logge, ognuno de' quali ne contiene 29 di pianterreno e della galleria superiore detta *Lubione.* La platea, lunga 7 kl. 1 piede, e larga kl. 8, e p. 5, è divisa in due parti. La prima contiene le due file di panche per l'uffizialità, oltre due file di scagni chiusi con separato ingresso e l'altra abbraccia sei altre file di panche. La capacità del teatro è per 2000 persone. Nel 1820 fu posto l'orologio sull'epistilio del proscenio, ed il teatro venne dipinto da Alessandro Sanquirico; nel 1822 poi fu ristorato ed abbellito come ora si vede.

La piena orchestra del nostro teatro che conta da cinquanta eccellenti professori non la cede alle orchestre de' primarj teatri d'Italia. I principali percepiscono un generoso stipendio dalla cassa teatrale, oltrecchè vengono pagati dai rispettivi impresarj d'opera e di commedie.

Il teatro è aperto tutto l'anno, eccetto i giorni normali in cui non sono permessi gli spettacoli pubblici. Nella primavera e nella state v'è commedia, e nell'autunno opera grande seria senza balli; nel carnovale poi grande opera buffa con balli, e nella quaresima commedia. I prezzi de' viglietti d'ingresso per l'opera seria sono 30 car. M. C, per l'opera buffa con ballo car. 30 e per le commedie 15 car. Per gli scanni chiusi si pagano car. 10, e per gli altri car. 6 per l'opera; e car. 6 e 3 per le commedie.

Nel carnovale vi si tengono ne' Lunedì i così detti *Veglioni*, balli mascherati che si danno con piena illuminazione a cera.

Nel piano nobile dell'edifizio del teatro dalla parte manca volta verso il palazzo governiale esiste

La sala del pubblico Ridotto

la quale con le sue attinenze occupa tutta la lunghezza dell'edifizio. Quando durante il carnovale ne' mercoledì si danno in questa spaziosa sala i grandi *Veglioni*, ai quali concorrono le persone delle classi le più cospicue, si scoprono le belle pitture delle pareti e i grandi specchj ad esse applicati; la sala ed i suoi attinenti locali vengono adornati con mobiglie di una eleganza ricercata, è d'assai maggiore il numero de' lustri, e l'illuminazione a cera è molto ricca; avendovi un trattore ed una bottega da caffè che forniscono ogni ristoro e rinfresco ai concorrenti. La sala può contenere 2000 persone. Il viglietto d'ingresso costa 45 car.

L'Anfiteatro diurno

nel borgo Franceschino in contrada del Coroneo accanto alla grande caserma militare fu costruito nel 1817, a spese dell'Impresario Sig. Adolfo Bassi, ed aperto la prima volta il 15 agosto del detto anno.

L'anfiteatro resta aperto soltanto da maggio fino a tutto ottobre. Quando si danno le rappresentazioni notturne, oltrecchè il palco scenico viene illuminato come nel teatro, con numerose lampade di cristallo s'illumina l'interno delle gradinate non solo, ma ancora tutta la strada dal ponte di Chiozza fino al suo ingresso. Nella prima rappresentazione notturna nel 1818 l'anfiteatro accolse 2400 spettatori, e nel 1820 vi si dettero pure due grandi opere serie, nelle quali cantò l'incomparabile Sig. *Velluti.*

Gli spettacoli diurni principiano alle ore quattro pomeridiane, ed i notturni all'ora solita del teatro. Per i primi si pagano car. 10, e car. 12 per i secondi.

Dacché nel 1827 si è costruito di pietra il magnifico Anfiteatro *Mauroner*, ora hanno luogo in questo gli spettacoli che prima si davano in quello eretto dal Bassi.

XXI.

Stabilimenti per la sicurezza e comodità pubblica.

Locande, Trattorie, Casini, Caffè, Taverne, vetture di città, bagni pubblici e illuminazione della città.

L'albergo principale, il più conveniente per forastieri di condizione, è la *Locanda grande* la quale è nella situazione la più centrica e la più vivace della città. È fornito di molte belle camere con tutta decenza mobigliate e di due sale spaziose, una delle quali serve per la tavola rotonda ch'è l'unica in Trieste. Questa è la sola Locanda che sia provveduta di un guarda-portone e di un portone di ferro alle scale per maggiore comodità e sicurezza delle persone e degli effetti de' forastieri. Gli altri più frequentati alberghi sono i seguenti:

All'Aquila nera, nella contrada del Corso, *Alla Londra,* nell'edifizio del teatro, *Alla Corona d'oro* in contrada di Carintia Nr. 937, e *Al Pellegrino* in contrada di S. Niccolò.

Fra le trattorie dove si pranza e si cena a lista, le principali sono due cioè: *Alla Nave*, nella contrada del teatro, e al *Monte Verde* nella contrada del Corso.

Alla *Birreria vecchia* in contrada del Corso ed alla *Giazzera* in contrada degli artisti si fa buona tavola dove concorre segnatamente la gioventù tedesca addetta al commercio potendovisi avere tanto dell'eccellente vino che della buona fresca birra.

I Casini ed i Caffè sono i luoghi pubblici dove si riuniscono gli abitanti di tutte le classi e i forastieri di tutte le nazioni.

II Casino principale è il *Casino vecchio,* situato nel piano nobile dell'edifizio della Borsa, la di cui società composta de' più ragguardevoli personaggi ha uno Statuto proprio stampato, contenente le sue regole disciplinari adottate da' soci e approvate dal Governo in seguito a risoluzione di S. E. il Sig, Ministro di Polizia. Oltre le grandi conversazioni settimanali d'autunno e d'inverno, nel carnovale vi si tengono settimanalmente delle feste di ballo e nella quaresima delle accademie musicali. Previa la permissione dei Direttori in questo Casino vengono introdotti dai soci anche de' forastieri in qualità di ospiti. — Nel *Casino de' Sigg. Greci* sulla piazza della Borsa, e ne' *Casini sopra il caffè dell'Austria* in contrada della dogana, e *sopra il caffè della Stella polare* in contrada della caserma si radunano i principali negozianti greci, illirici, armeni, tedeschi e italiani i quali si fanno una grata premura di ammettervi i forastieri di considerazione che loro vengono raccomandati.

Le principali botteghe da caffè sono le seguenti: *All'Imp. Principe ereditario d'Austria* in contrada nuova, *All'Austria* in contrada della dogana, *Alla Costanza*, ed *Alla Regina d'Inghilterra* in contrada del Corso, *Alle Nazioni*, *Al Principe Carlo d'Austria*, e *Al Caffè nuovo* sulla piazza della Borsa, *Al Caffè di Tommaso* dietro la Borsa, e *Alla Stella polare* in contrada della caserma dove concorrono le più colte persone, e che sono provvedute delle migliori gazzette nazionali ed estere.

Il Caffè sotto la Locanda grande è l'unico privilegiato caffè che resta aperto anche durante la notte a comodo del pubblico.

Nelle taverne aperte in ogni angolo della città dove si vendono a minuto i vini nostrali ed esteri, concorrono i cioncatori delle infime classi, i quali tra giuochi strepitosi e rauco canto vi beono a lunghi sorsi l'obblio d'ogni cura.

Le carrozze da nolo di città si radunano unicamente sulla piazza del ponte rosso. Non vi esiste alcuna tassa fissa per le corse di queste carrozze; ma si dee contrattare pria di montarvi. Nelle belle giornate festive queste vetture sono più care dell'ordinario.

Vi esistono parecchj bagni nella contrada del lazzeretto vecchio. Fra i più frequentati è il bagno nell'edifizio di proprietà del Sig. Cav. de Österreicher, sotto il Nr. 1027, con decenti camerini provveduti di vasche marmoree, e con attinente giardino dal quale si gode una vista deliziosa. L'unitavi trattoria fornisce saporite vivande, buoni vini e fresca birra.

Nella casa de' bagni d'acqua marina galleggiante sul mare presso alla riva del lazzeretto vecchio, del Sig. *d'Angeli*, provveduta d'ogni ristoro e rinfresco, a comodo di bagnanti, si possono prendere anche i bagni caldi e d'acqua dolce.

L'illuminazione della città cominciata nella seconda metà del secolo scorso, si fa con delle lanterne pubbliche, attaccate ad un braccio di ferro applicato ai cantoni delle contrade. Esse hanno quattro riverberi per cui mandano un lume ben chiaro in molta distanza, e vengono accese di prima sera tutte le notti.

XXII.

Prodotte del paese.

Coltivazione delle viti, pastorizia, saline, razza di cavalli, minerali e fossili, caccia e pesca.

La coltivazione delle viti forma il ramo principale dell'agricoltura tanto ne' monti che nella pianura. I terreni montuosi sono divisi in frequenti ripiani sostenuti da muricciuoli, e soltanto colla vanga e collo zappone vengono coltivati a vigne. I campi posti nelle situazioni pedemontane e nelle valli sono lavorati coll'aratro e si coltivano a frumento, orzo, segala, grano-turco e saraceno. Gli alberi fruttiferi danno copiosamente le frutta le più saporite e delicate.

È famoso oltremonti ed oltremare l'eccellente vino di Prosecco che viene coltivato anche ne' contorni di Contovello e S. Croce. I Greci lo chiamarono il *Pictanone dell'Adriatico*, e i Romani *Pucino* e *Plinio* ne fa l'encomio de' salutiferi di lui effetti, A tutto il vino che si raccoglie nel distretto di Trieste si dà il nome di *vino della città*. In generale tutti i vini triestini sono abboccati e salubri.

La pastorizia vaccina prevale a quella delle pecore. Il bestiame bovino è bensì piccolo e di poco bell'aspetto, ma è vigoroso, agile e vivace. Gli agnelli e i capretti del Carso vengono avidamente ricercati dai palati golosi come de' bocconi prelibati.

Nelle valli di Zaule e Servola esistono le saline le quali però non danno una quantità di sale sufficiente ai bisogni della numerosa popolazione, sicché per le ulteriori occorrenze, questi regi magazzini vengono provveduti coi rinomati sali dell'Istria.

I cavalli de' nostri contorni distinti per la loro agilità,

forza e vivacità diedero motivo al famoso stabilimento delle regie razze de' cavalli in Lipizza fondato nel 1580.

Presso Grignano, S. Croce, Nabersina e Sistiana si scava una bellissima pietra dura di color grigio, la quale polita dall'arte produce un bell'effetto con le moltiplici gradazioni del suo colore. Ne' monti del nostro Carso trovansi anche de' marmi neri e mischi suscettivi della più vaga politura.

Le prede della caccia che per lo più ne' monti ed anche nella pianura specialmente nell'autunno e nell'inverno, serve al piacere de' più agiati abitanti della città, riduconsi a lepri, volpi, cotornici, pernici, anitre selvatiche ec. molto pingui e saporite.

Nel bosco di Lipizza e presso Basovizza viene in copia scavato carbon-fossile di una qualità distintamente buona per la sua leggerezza e combustibilità.

Le nostre acque marine forniscono una pesca abbondante a segno che, secondo le varie stagioni, in questa pescheria si vendono più di 60 qualità di pesci a squama e a guscio, oltre i tonni che si predano nelle acque di Barcola e Grignano. A Servola poi unicamente si possono avere delle ostriche da palo di straordinaria grandezza per cui compariscono ne' banchetti signorili della Capitale.

Passeggi e vicinanze di
TRIESTE

Passeggi, e luoghi notabili nelle vicinanze di Trieste.

I.

Passeggio dell'Acquedotto.

Mediante le cure del Sig. Dr. Domenico de Rossetti, questo passeggio fu cominciato nel 1806, e nel 1808 per ordine del Governo fu piantato il viale di castagni silvestri alternati colle pseudo-acacie, tra i filari del quale per generosa disposizione del predetto Sig. Dr. de Rossetti si sono eretti dei sedili di pietra. La sua larghezza è di 60 piedi con 264 klafter di lunghezza. Il viale di mezzo e quello a sinistra sono destinati per le persone che vanno a piedi; l'altro a destra è assegnato alle carrozze ed ai cavalcanti.

Questo passeggio suburbano è il più frequentato dalle classi le più distinte specialmente nella bella stagione, in cui ne' lunedì e venerdì nelle ore vespertine la banda musicale della guernigione vi eseguisce de' concerti i più dilettevoli. Al termine del passeggio v'ha una bottega da caffè aperta soltanto nella state, che somministra de' sorbetti ed altri rinfreschi.

Il passeggio dell'Acquedotto riesce graditissimo sì per la comoda sua vicinanza, e sì per i suoi piani sentieri dove de' spessi frondosi alberi procurasse ai passeggieri amabile rezzo e frescura. Quivi il più bel mondo concorre giojoso sfoggiandole sue mode, i suoi capricci ed il suo lusso; e nelle diverse nazioni distinte dalla moltiplice varietà degli abbigliamenti e degli usi, qui riunite e assorellate dal commercio, presenta una fratellevole società di tutti i diversi popoli del mondo per cui questo spettacoloso frequentatissimo passeggio in ogni riguardo pareggia con quelli delle più popolose città e delle più splendide capitali.

II.

Giardino del Dr. de Rossetti.

Al termine del passeggio dell'Acquedotto si entra in questo giardino, quasi nel mezzo del quale sorge un gabinetto con de' piccoli ripostigli laterali presso al di lui muro di recinto, ove verdeggiano degli alberi di varia specie che al di fuori gli danno un aspetto graziosamente silvestre. Duri cipressi all'ingresso del giardino ed un termine sormontato da marmoreo busto, una grande serra ricca di fiori, alcuni patetici viali che con la loro linea labirintica illudono l'osservatore sull'estensione del giardino, una piccola grotta artificiale che offre il comodo di alcuni rozzi sedili di pietra esteriormente tutta vestita di musco, d'ellera e di vilucchi dalla di cui sommità si ha una bella vista da ogni lato ed un verziere nel quale prosperano molti alberi fruttiferi di nobile qualità, sono i più notabili oggetti di questo piccolo giardino ove tutto annunzia il bel genio ed il buon gusto del suo possessore.

III.

La Gloriette

costruita nel 1819 di forma quadrata, avente il prospetto di un piccolo tempio sul gusto greco sorge sulla sommità della prossima collina al di là dei passeggio dell'Acquedotto ed è ornata di colonne e di varj fregi architettonici. Fu per alcuni anni aperta nella bella stagione al comodo e sollievo de' cittadini essendone stato rilasciato il di lei uso gratuitamente ad un caffettiere approvato. Dalla sua dominante altezza si presentano teatralmente la città e il porto, ed il mare adriatico si apre nella sua incommensurabile estensione.

IV.

Passeggio del Boschetto.

Sortendo dal fondo adiacente alla Gloriette comincia il passeggio del Boschetto il quale venne abbellito come ora si vede soltanto negli anni 1820 e 1821. Un ameno viale ombreggiato da doppio filare di arboscelli presenta al passeggiero alla sua destra de' sedili di riposo presso a de' fioriti cespugli, donde sempre più libero si sviluppa di fronte il variato quadro de' sottoposti dintorni ne' quali ammirasi del pari l'agronomica industria, la dispendiosa coltivazione de' poderi e la moltiforme bellezza della natura. Al termine di questo viale una polla di limpid'acqua emerge dalle fauci di un delfino a ristoro de' viandanti che per un rustico angusto ponte di pietra trapassano l'orrido precipizio di un torrente montano. Da questa sublime punto di vista l'occhio signoreggia la strada carrozzabile che lungo il margine murato del torrente Starebrech conduce al boschetto sulla quale frequenti difilano i cocchi signorili e le urbane vetture. Varcato questo ponte riprende il viale spaleggiato da due filari d'alberi e ben-tosto si dispiega la pittoresca prospettiva del boschetto il quale principia oltre il rustico ponte di pietra che accavalca l'altro torrente montano presso il casino del Sig. Minerbi. Quivi il sentiero partito in due rami conduce con uno direttamente all'osteria lambendo sempre il lembo del boschetto; e l'altro piegando alquanto su pel monte, per varj sentieri fra il bosco ombroso guida al punto centrico dell'osteria; la quale in una spaziosa sala e in belle stanze offre agli ospiti i migliori ristori e molte comodità. Numerose brillanti schiere di fanciulle e giovinetti si adagiano su i campestri sedili, ed il bel mondo con le sue gioje lusinghiere e co' suoi abbaglianti incantesmi si rende di sé a sé medesimo spettatore e spettacolo.

Al crepuscolo vespertino la società in seguentisi file accelerando il ritorno alla città rimane in pochi istanti deserto il boschetto e tacito tutto il contorno.

V.

Escursione fino alla casa del cacciatore sulla sommità del Farnedo.

Dall'osteria del boschetto sempre ravvolgendosi tra folte quercie un nuovo sentiero porta sulla di lui sommità alla casa del boscajuolo comunemente detto il cacciatore. Questo sentiero a spese di una società di nobili patrioti fu compito ed aperto ai piacere del pubblico nella primavera del 1817. Al pregio di essere congiunto col passeggio dell'Acquedotto questo ameno sentiero unisce l'importantissimo vantaggio di condurre sul vertice di un monte alto più di 120 kl. sopra la superficie dell'Adriatico, in un contorno dove si può ampiamente esercitare la signoria degli occbj e dove respirasi un'aria fresca e purgatissima. Fra gruppi di quercie annose la casa attinente alla società dei dilettanti del bersaglio, diretta da cospicuo cittadino, la quale specialmente nelle giornate festive vi tiene i suoi nobili esercizj.

VI.

Passeggio nella valle di S. Giovanni ed escursione fino alla sommità del monte spaccato.

La valle di S. Giovanni a levante del Boschetto lussureggia dei doni di Cerere, di Bacco, e di Pomona. Si distingue in essa per coltura ed ubertà il podere del Sig. *Andrea Griot* che da lui venne portato al colmo della perfezione campestre. Alla falda del monte presso al podere de' Sigg. *Marchesetti* si trova il ricettacolo della sorgente la di cui acqua abbondante e limpida per artificiale condotto venendo trasportata in Trieste fin dal 1749, per munificenza dell'Imperatrice *Maria Teresa*, diede il nome al passeggio dell'acquedotto sotto cui passa.

Presso a questa sorgente esiste la piccola chiesa campestre de' SS. Giovanni e Pelagio, alla quale è numerosissimo il concorso de' Triestini e de' circonvicini abitanti nella ricorrenza della festività di S. Giovanni Battista. Da questa chiesa l'amatore delle opere degli Antichi può recarsi a vedere l'antica via legionaria romana tuttavia praticata sul prossimo monte Starebrech, a forza di colpi di martello aperta nell'alpe scoscesa onde agevolare alla colonia militare di Tergeste la comunicazione cogli eserciti romani guerreggianti nella Iapidia, e compita sotto l'impero d'Augusto.

VII.

Villa Fontana.

Questa villa giacente presso alla barriera nuova nella contrada di Romagna appartiene al Negoziante di Borsa il Sig. *Carlo d'Ottavio Fontana*. Egli fece acquisto in questi ultimi anni di una vigna dalla famiglia Holfeld, e facendovi delle novelle piantagioni e con molto dispendio assoggettandola ad una generale metamorfosi la rese florida e vistosa. In vetta all'amena pendice pompeggia un vaghissimo casino fatto erigere dal Sig. Fontana e condotto da valente architetto, nella sala del quale vi sono dipinte a fresco sulla parete in quattro grandi quadri altrettante azioni principali della battaglia di Lipsia dal Sig. Giuseppe Bisson da Conegliano. Vi si trova un grande sarcofago della matrona romana Papiria Prima qui fatto trasportare dal Sig. Fontana.

VIII.

Giardino Trapp, e passeggi del Lazzaretto nuovo lungo il torrente Rojano e sulle alture di Gretta.

Il giardino Trapp giace nella contrada del Lazzaretto nuovo. Il Sig. Giorgio Trapp nel 1797 acquistò un'estesa tenuta dai Sigg. Baroni dell'Argento, e con molte spese e cure ridottala a perfetta coltura le procurò altresì tutti quegli abbellimenti che la distinguono.

Accanto al muro di recinto del giardino scorre un alto e lungo pergolato a foggia di padiglione internamente ripartito in viali ombreggiati da volte frondose e da spalliere d'alberi. Il giardino è chiuso da portone con cancelli di ferro ove si osservano alcune piccole figure grottesche, e per una bella scala di pietra ornata di vasi di fiori e di statue si sale al magnifico casino donde si gode una libera vista sul mare e sulle coste dell'Istria.

Il passeggio del Lazzaretto nuovo

principia nella contrada di questo nome e passa fra la murata sponda del mare ed il porticato della fabbrica di cordaggi e gomene Bozzini, lungo 220 kl. Al termine di questo porticato si trova un giardinetto detto l'*Augarten* il quale però è ben lungi dall'essere neppure un'ombra del delizioso giardino imperiale di questo nome in Vienna, ma è molto frequentato dagli abitanti e dai forastieri. Alla riva del mare vi sono degli eleganti battelli per ritornare in città. Oltre il ponte di legno gettato sul torrente Rojano sorge l'edifizio del Lazzaretto nuovo dinnanzi al quale sogliono fermarsi le carrozze di quelli che fissano questo limite al loro passeggio.

Al di qua del detto ponte di legno a destra principia

favorevole alla solitudine, al concentramento, alla meditazione, e grato alle persone cogitabonde che fuggendo dal trambustio del gran mondo , cercano in seno della natura una soave tristezza ed una placida calma. In questi ultimi anni appena fu aperto il

Passeggio sulle alture di Gretta.

Dalla prima eminenza di questa nuova strada comunale la città fabbricata in anfiteatro si svolge in tutta la sua prospettica estensione. Il sensibile viandante si arresta con diletto a contemplare il magnifico spettacolo dell'orizzonte in mare, le coste dell'Istria coi loro frequenti porti e seni, e a piombo sotto a' suoi piedi il golfo triestino traversato da grandi e piccoli navigli e da ogni parte seminato di barche peschereccie.

IX.

Passeggiata sul mare a B arcola.

Questo villaggio sulla destra sponda del golfo triestino distante due miglia da Trieste, in 60 case disperse che lo compongono, conta 418 abitanti agricoltori. Ricorrendo la festività di S. Bartolomméo sotto il di cui titolo fu edificata la chiesa presso alla spiaggia del mare, i Triestini in folla si recano a questo villaggio ove con piacere assistono ai divertimenti villerecci. Questi giuochi e balli campestri degl'industri coloni nel 1790 onorati vennero dell'attenzione di Sua Maestà Ferdinando IV. Re delle due Sicilie, siccome si rileva dalla lapide eretta all'ingresso nel podere degli eredi Prandi dirimpetto alla pubblica osteria. Barcola è famosa per la pesca del tonno che viene predato nelle sue vicinanze, ed i suoi contorni producono frutti ed olj eccellenti fra i quali primeggiano il moscato ed il rifosco.

X.

Passeggio sulla spiaggia di S. Andrea.

Questa passeggiata che prese il suo nome da un'antica chiesa campestre ora abolita e convertita nell'osteria che si trova al termine del primo grande viale, principia nella contrada del Lazzaretto vecchio all'angolo della terrazza de' Sigg. Conti *Cassis*. Quivi un viale ombreggiato da un filare di castagni silvestri, pseudo-acacie e pioppi scorre lungo la strada carrozzabile, dall'opposta parte conterminata dalla nuova spaziosa riva. Alla metà di questo viale un grande portone con cancelli di ferro presenta in teatrale prospetto la

XI.

Villa Monfort

già spettante al Principe di questo nome che le procurò diversi campestri adornamenti, ora divenuta proprietà del S. Necker, Console svizzero.

Procedendo nel cammino ben-tosto si giunge nella contrada di Campo Marzio dove s'incontra sulla bella collina di fronte la

XII.

Villa Campo Marzio

di cui presentemente è proprietaria la Signora Contessa di Lipona, e che in sé riunisce molti rustici abbellimenti e comodi urbani, d'ogn'intorno ammantata di lieti frondeggianti boschetti, di freschi ombrosi sentieri, di vistosi giardini, di ajuole e vasi di fiori con simetrica disposizione ripartiti. — Dopo breve e facile salita dall'angolo settentrionale di questa magnifica villa fino alla prima eminenza si arriva al principio del grande viale che di fronte mostra il villaggio di Servola sopra un colle aprico, a sinistra le vitifere pendici del circondario di Trieste, e a destra la baja di Muggia, di forma teatrale. Il passeggio lungo la spiaggia di S. Andrea principiato nel 1810, fino l'anno 1812 fu portato solamente fino alla piazza circolare formata all'estremità del grande viale fiancheggiato da quattro file d'alberi. Tanto questo viale destinato per le carrozze quanto i due viali laterali, mentre col grande concorso della gente che vi passeggia a piedi, a cavallo ed in carrozza danno l'idea della popolazione e del lusso della città, offrono un trattenimento vario, interessante e gradevole. Dalla detta piazza circolare nel 1817 fu aperto l'altro

XIII.

Passeggio fino al villaggio di Servola

mercè le cure di Sua Eccellenza il Sig. Carlo Conte di Chotek, allora dirigente il Governo del Littorale illirico-austriaco in Trieste, ora Governatore della Boemia, il quale con molto zelo ed energia vi cooperò, dando impulso con le sue largità a quegli spontanei contributi in danaro che non solo i negozianti, ma ancora tutti i cittadini di Trieste, secondo le loro forze, vi prestarono a gara onde supplire alle spese di costruzione di questa nuova strada; i possidenti delle adiacenti campagne rilasciato avendo gratuitamente quella porzione de' loro fondi necessaria per la strada verso il compenso del muro di recinto. Con questi mezzi di privata generosità la nuova strada potè essere condotta fino presso alla contrada di Chiarbola inferiore, donde venne dipoi progredita fin dentro Servola e compita ed aperta ad uso pubblico nel 1824.

Nel percorrere la linea di questa bella strada, sulla parte superiore del terreno, essa non porta mai a verun punto in cui il sorgente dorso del monte defraudi del lieto aspetto de' vitiferi colli, e dove con molle pendio dechina verso la spiaggia si gode sempre a diverse altezze la imponente scena del mare.

Servola è il villaggio più vicino a Trieste, dove il Prelato triestino fa la sua residenza estiva. La sua chiesa è sotto l'invocazione di S. Lorenzo ed il campanile di bella costruzione ha un buon orologio ed un conduttore elettrico. Le donne Servolane sono di bella taglia e di sembianze regolari e avvenenti, e in generale vestono con leggiadria e lusso.

Nella festività di S. Lorenzo è immenso il concorso della gente in Servola che vi consuma il lunghissimo giorno in continuo stravizzo, e dove i cioncatori di prima classe assiduamente visitano quelle rustiche cantine ridondanti di famoso abboccato rifosco.

XIV.

Passeggio verso il monte di Cattinara.

Dall'altura del molino a vento si passa su questa bella strada volgarmente detta di Fiume, calcando la quale si va dapprincipio per agevole ascesa, indi per un sentiero quasi affatto piano. L'occhio scorre gradevolmente sopra colti vigneti e giardini abbelliti da eleganti abitazioni campestri, sopra degradanti erbosi poggi e sulla soggiacente feconda vitifera pianura che con casini di piacere si stende fino alla barriera della città oltre alla quale in pittoresco aspetto apresi il golfo triestino. Recandosi a questo passeggio dal suburbio Prandi o dalla Cattedrale, dietro il Castello incontrasi la

XV.

Villa del Dr. Pepeu

già Pontini con magnifico portone a cancelli di ferro dorati dove in mezzo a ben colta campagna pompeggia l'edifizio signorile ristaurato ed abbellito sotto l'attuale proprietario. Un opaco boschetto di annose quercie, noci, olmi ed abeti opportuno all'alimento di una dolce tristezza, a cui amano talvolta di abbandonarsi le anime di tempra sensibile e delicata, e l'arcadica prospettiva di tutti i suoi dintorni rendono questa villa la più amena e comoda dimora di un agiato cittadino. Da questa villa passando per la contrada di Chiarbola superiore si giunge ben-tosto al bivio che separa la strada dell'Istria da quella della Croazia trasportandosi sulla quale nell'avviarsi verso il monte di Cattinara si trova il podere del Sig. Paximadi che ritiene ancora il nome di

XVI.

Mon Bijou

impostogli dal suo primo proprietario, S. E. il Sig. Conte *de Brigido* al quale servì di estivo delizioso soggiorno. A fianco dell'abitazione signorile, nella soppressa chiesa di S. Maria Maddalena ridotta ad uso profano sussiste immurata nella parte interna dirimpetto alla porta una iscrizione sepolcrale scolpita al tempo dell'Imperatore Giustino. Con questo podere confina la

XVII.

Villa Sartorio

acquistata ed abbellita dal Sig. Pietro *Sartorio* Negoziante di Borsa e Patrizio triestino. Quattro cavalli di marmo istriano atteggiati con molta maestria da Francesco Bonazza Veronese, la così detta rotonda di figura ottagona somigliante ad un piccolo tempio con quattro porte e adorna di statue di marmo del prelodato scultore e d'altre statue situate nel viale di mezzo nel giardino, non che varj gruppi di piccoli bacchi scherzosi ed in bizzarre attitudini insieme avviluppati ed avviticchiati attraggono l'attenzione del passeggiero e ne esigono l'ammirazione e la lode. Tutte le parti di questa villa ridente sono aromatizzate dai profumi d'ogni qualità di fiori che in grande copia vi si coltivano nelle serre e all'aperto. Da questa villa si ritorna in città per la soggiacente contrada di Rozzot dove fra gli altri fertili poderi si distingue quello del Sig. Giov. Nepomuceno *Semetz* per la sua vastità, e buona coltura.

XVIII.

Escursione a Cattinara, Basovizza, Lipizza e Corniale.

Cattinara

è il primo villaggio, che in distanza di mezza lega a levante di Trieste s'incontra sulla strada commerciale di Fiume. La sua chiesa fu edificata nel 1787 per le pie cure del Conte Pompeo Brigido. Nei poderi delli Sigg. Conte *Brigido* e Barone *Zanchi* si osserva la più intelligente coltura. In Cattinara, Mellara, e nel suo circondario si respira un'aria purissima il di cui alito virginale confluisce a rintegrare e rassodare la salute.

Basovizza

è l'ultimo villaggio a levante nel territorio di Trieste da cui è distante circa 4 miglia ed 1 solo da Cattinara, e che nella bella stagione viene frequentato dai Triestini per la salutifera sua situazione.

Lipizza

a un miglio da Basovizza è rinomata per l'I. R. stabilimento dell'antica razza de' cavalli del Carso eretto nel centro di vasta selva sovrana.

Corniale

è un grosso villaggio con 130 case e circa 800 abitanti, posto nel mezzo di amena pianura che co' suoi colti campi lo cinge di una vaga corona di spiche. In Corniale bisogna rivolgersi al Supano per ottenere delle sicure scorte, e la chiave della porta d'ingresso nella grotta, celebre sotto il nome di *grotta di Corniale*, ma dai paesani chiamata propriamente *Vileniza*.

XIX.

Escursione a Rizmagne, Borst, Fünfenberg, Bolunez e Dollina.

Rizmagne

è un buon villaggio distante circa due ore a levante di Trieste con 107 case e 600 abitanti. Giace sopra la costa di fertile monte in situazione amena e ridente e gode il vantaggio di un'aria purissima. La sua chiesa è la più vasta e la più maestosa in tutta la Diocesi triestina, e fin dal 1693 s'era qui organizzata una celebre Confraternità sotto il titolo di S. Giuseppe, alla ricorrenza della qual festa v'ha numeroso concorso di divoti essendovi ne' tre giorni successivi un mercato in cui si fa considerevole traffico di strumenti rurali, utensili di ferro e di legno, tele e panni.

Borst

villaggio discosto un quarto d'ora da Rizmagne con egual numero di case e d'abitanti fruisce gl'inestimabili vantaggi di abbondanti acque sorgenti e di un'atmosfera la più purificata; deliziosa essendo la vasta china che occupano le sue campagne dove la Natura in festivo apparato sfoggia un maestoso vestito di gala con abbagliante varietà riccamente adorno e splendente de' proprj tesori. Vicinissimo a Borst è

Fünfenberg.

Un commissariato distrettuale risiede nell'edifizio signorile, sulla facciata del quale scorgesi una lapide antica, ed in terra alcuni cannoni che già esistevano nel diruto castello di S. Servolo.

Bolunez

a circa mezz'ora da Fünfenberg viene frequentemente visitato da colti viaggiatori che nelle sue vicinanze si recano a vedere gli avanzi del sontuoso acquedotto romano che da Clinziza portava le sue acque nella colonia di Tergeste.

Dollina

villaggio mezz'ora lontano da Bolunez, giace sul lembo del monte di S. Servolo e dalla sua elevata situazione domina la sottoposta ubertosa valle, col suo giocondo aspetto rendendo il sorriso agli amenissimi contorni che lo vezzeggiano.

XX.

Escursione da Dollina al villaggio e alla grotta di S. Servolo.

Da Dollina in un quarto d'ora si ascende al villaggio di S. Servolo donde all'osservatore sviluppasi d'ogni intorno una moltiplicità di prospettive incantatrici. Sulla vetta del monte torreggiano le ruine dell'antico castello, accanto al quale sorge la chiesa, e a pochi passi di distanza trovasi la grotta dove il Santo dimorò un anno e nove mesi, e in onore del quale sta eretto un altare di marmo dentro la prima cavità dell'antro. La discesa del monte nella graduale restrizione del quadro sferico del contorno procura una novella specie di spettacolo ottico.

XXI.

Passeggiata a Zaule.

Per andare a Zaule si esce di città per la barriera vecchia e presso all'altura del molino a vento si sceglie la strada maestra dell'Istria. Il sentiero per agevoli discese scorre sempre fra colte campagne piantate di viti, e presenta or da un lato, or dall'altro delle teatrali vedute. Circa un miglio da Trieste s'incontra il nuovo cimitero la di cui area totale è di 19.500 kl. quadrati. Il suo ingresso sullo stile Vitruviano è per ben inteso ampio portone con cancelli di ferro, e sulla facciata rivestita di bella pietra lavorata scorgonsi parecchj emblemi allusivi alla fine della vita mortale ed all'immortalità dell'anima. Nel centro sorge la cappella con 4 cipressi, e tutto il fondo sacro è ripartito in 4 grandi viali piantati di pseudo-acacie. Questo cimitero compito in un triennio fu consecrato da Monsignore Leonardis nel 1824. Trapassata la collina di S. Anna fra lieti poggi decorati da vigneti e macchie e tra fecondi campi ed erbosi prati, per dolce pendio si perviene al principio del grande viale di Zaule. Questo viale si estende per il tratto di circa un quarto di miglio all'ombra di antichi pioppi e salci, avendo a destra Io stabilimento delle saline, e a sinistra vaste campagne e praterie in tutta l'estensione dell'opima valle che innaffiata dal Rosandra si prolunga fino a Dollina. Per un ponte di pietra gettato presso alla foce del Rosandra, già limite divisorio l'antico territorio triestino dal veneto, si passa all'osteria, frequentata nelle giornate festive; ma che lo sarà ancor di più effettuandosi la contemplata strada rettilinea da Servola a Zaule.

XXII.

Escursione ai villaggi d'Opchina, Prosecco , Contovello, S. Croce e Nabersina fino a Duino.

Opchina

è il primo villaggio fra settentrione e levante circa ½ posta da Trieste sulla strada commerciale della Germania. La sommità del monte d'Opchina si eleva 190 kl. al di sopra della superficie dell'Adriatico che da questa altezza in tempo di perfetta calma presentasi come un'immensa lamina di argento luccicante. Quivi il mantice della vita assorbe il leggerissimo spiro di un'aria saluberrima che infonde in petto ristoro e vigore. Nel villaggio da qui discosto meno di un quarto di miglio, presso all'edifizio dell'I. R. uffizio doganale s'erge cospicuo monumento in onore di S. E. Conte Carlo di *Zinzendorf,* sotto il di cui reggimento nel 1780 fu aperta questa strada. La chiesa venne riedificata per le cure di S. E. Conte Sigismondo di *Lowasz* Governatore di Trieste nel 1805 e fu consecrata da Monsignor Antonio Leonardis nel 1823.

Prosecco

a un quarto di posta da Opchina è l'antico *Pucino* indicato da Plinio. Il vino di Prosecco fu dagli Antichi incoronato Re de' vini sulle coste dell'Adriatico. Dai Greci fu detto *Pictanon,* e secondo Plinio esso procurò un'età longeva a Livia Augusta, madre dell'Imperatore Augusto. Il villaggio conta 133 case e 750 abitanti, e la sua chiesa ostenta una bella pittura a olio sopra seta pennelleggiata da Giuseppe *Bisson,* rappresentante la Madonna col bambino in grembo.

Contovello

poco distante da Prosecco, dalla sublime rupe su cui comparisce pittorescamente infitto si affaccia spettatore curioso della magnifica Trieste che ormai da più di un secolo mira ogni dì sempre più crescere e moltiplicare le decorazioni del suo anfiteatrale prospetto.

S. Croce

a un quarto di posta da Prosecco, è la prima posta da Trieste per l'Italia e l'ultimo villaggio dell'antico territorio della città. Fra S. Croce e Nabersina al confine territoriale di Trieste grandeggiano due belle colonne di marmo istriano con epigrafe erette dalla fedelissima città per eternarvi la memoria dell'omaggio di suddita divozione quivi umiliato dalla civica rappresentanza a S. M. l'Imperatore, nel suo faustissimo arrivo il dì 20 aprile 1816.

Nabersina

villaggio appartenente alla signoria di Duino, non n'è diviso che da un tratto di circa ¾ di posta che celeremente si percorre sempre per una placida declività, alla metà del cammino incontrandosi

Sistiana

ch'è l'antico *Sistilanum*, con edifizio signorile turrito, una chiesa e poche case.

Duino.

Questo vetusto castello appartiene alla nobilissima famiglia de' Conti della Torre, che vi ha un bellissimo parco il quale confina coi poderi signorili che si estendono fino al mare. In Duino risiedono un Commissario e Giudice distrettuale ed un Ricevitore delle sovrane imposte.

XXIII.

Passeggiata sul mare a Muggia.

Nel recarsi per mare a Muggia si ha continuamente la dilettevole vista degli ameni colli che ricingono le vicinanze di Trieste e le coste dell'Istria. Muggia è una piccola terra murata sulla destra sponda della baja che porta il suo nome, distante miglia cinque da Trieste di cui un tempo fu l'emola ed ora la giornaliera tributaria de' prodotti della sua industria. In Muggia e nella chiesa dell'antico castello sul monte si trovano delle reliquie di monumenti romani.

XXIV.

Tragitto di diporto a Capodistria.

Capodistria, o Giustinopoli, che col suo primo nome di *Egida* comparisce in Plinio, fu già rivale, indi alleata, poi tributaria e finalmente suddita di Venezia, vanta una rimotissima fondazione e alcuni documenti della sua antica dominazione e floridezza. È patria di molti uomini insigni nelle lettere e nelle armi, fra i quali i Santorj, i Vergerj, i Gravisi ec.; a' tempi nostri essendo stata illustrata dal Conte Gianrinaldo *Carli*, da Alessandro *Gavardo* e da Girolamo e Dionisio padre e figlio marchesi *Gravisi*, sommi genj, profondi scrittori e valenti poeti. Il vasto e cospicuo duomo con le sue pitture e adornamenti, la piazza maggiore, e la magnifica Loggia eretta ne' tempi repubblicani della città, alquanti quadri di apprezzati maestri nella chiesa spettante al Convento de' P. P. Minori Osservanti ed alcune antichità che si scorgono incastrate ai lati della Loggia e in altre parti della città sono i più notevoli oggetti in Capodistria degni dell'attenzione de' forestieri. La *Corriera* per terra ed il *Traghetto* per mare sono le giornaliere occasioni di viaggio per questa città.

XXV.

Tragitto di diporto ad Isola.

Con vento favorevole in agile barchetta si può compire in tre ore comodamente il viaggio da Trieste ad Isola, e da Capodistria se lo può fare per terra in circa ¾ d'ora e per acqua in meno ancora di tempo. Riesce gratissima al passeggero la rapida successione delle varie vedute lontane e vicine che gli si presentano durante questo breve tragitto.

Isola è una piccola città sulla costa settentrionale dell'Istria la quale gode il vantaggio di una plaga mite e deliziosa. Credesi fabbricata dagli abitanti di Castelliero, oriundi Aquilejesi, che vi costruirono un castello imponendogli il nome di Castro d'Alieto. Ha 3100 abitanti in 507 case, parecchie delle quali affatto moderne, ed una contrada principale bellamente lastricata accessibile alle carrozze.

Isola ha un territorio gajo e ridente, ricco di sorgenti, ubertoso d'ogni specie di frutta squisite e di nettarei vini. Vanta parecchj uomini dotti e riconosce l'odierna sua celebrità dalle sorgenti d'acqua minerale scoperte nel 1822, sopra lo scoglio, che viene con buon successo adoperata per bibite e bagni medicinali.

XXVI.

Escursione da Isola a Pirano.

Per la bella e lieta strada comunale costruita nel 1819 si fa comodamente in due ore il dilettevolissimo viaggio da Isola a Pirano.

Vuolsi che Pirano sia stato fabbricato nel V. secolo dagli Aquilejesi. Dopo che per alcuni secoli questa città si governò da sé stessa, nel 1283 fece la sua dedizione al dominio veneto.

In Pirano ebbero la culla non pochi soggetti illustri per sapere e virtù , fra i quali anche l'immortale Giuseppe *Tartini* che per l'eccellenza delle sue cognizioni ed i suoi nuovi musicali sistemi meritò il nome di *Maestro* delle nazioni e di *nuovo Orfeo.*

Il grande stabilimento delle saline di Siciole, ed il fanale di Salvore, oltre alcuni quadri nella sala del consiglio civico e nella chiesa de' P. P. Minori Osservanti, meritano di essere osservati dai viaggiatori, che visitano questa città.

Chi brama aver piena cognizione d'ogni e qualunque oggetto notabile in Trieste e nelle sue vicinanze, si provveda della mia — *Compiuta e distesa descrizione della città e porto-franco di Trieste,* — e degli altri miei due libri intitolati, l'uno — *Le Grotte ed altri notevoli oggetti nelle vicinanze di Trieste* — e l'altro — *Descrizioni storico-pittoriche di pubblici passeggi suburbani, dell'escursioni campestri ec.* — pubblicati la prima volta in Vienna coi tipi Strauss negli anni 1823, 1824 e 1826, e vendibili al negozio di libri di G. Geistinger e Comp. In Trieste.

OSSERVAZIONI

IN LINEA AMMINISTRATIVA SOPRA IL MANOSCRITTO DEL CONTE GIROLAMO AGAPITO, INTITOLATO:

"Descrizione della fedelissima città e porto-franco di Trieste, unitamente alle sue vicinanze e passeggi."

Pag. 13. La suddivisione della città nuova indicata dal manoscritto, non è giusta. I Borghi Pondares e Conti non si conoscono, finora almeno non fu approvata tale suddivisione e denominazione. — La città di Trieste si divide in città vecchia e in città nuova, e questa viene suddivisa nella città Teresiana, e nei Borghi Franceschino e Giuseppino.

Pag. 14. Per il ponte rosso e pure permesso il passaggio ai pedoni, e ai carri vuoti, e non solamente alle carozze, come dice il manoscritto.

Pag. 17. Il Governo comprende oltre la città di Trieste e il suo territorio, due soli circoli, quello dell'Istria, e quello di Gorizia, e non più tre come dice il manoscritto.

Pag. 20, 21. La colonna colla statua in bronzo dell'Imperatore Leopoldo I. accanto alla casa fu Romano, ora — — esisteva prima in piazza S. Pietro, nel sito ove questa si congiunge colla contrada Cavanna, e siccome vi rendeva troppo angusto il passaggio, fu levata e collocata ove attualmente si ritrova avanti 20 anni circa.

Pag. 26, 27. *Errore* nell'indicazione del titolo di Sua Altezza il Sig. Principe Governatore. *Omissione* relativa al Sig. Consigliere aulico, di cui il manoscritto parlando del Governo dovrebbe far cenno.

Pag. 30. I bastimenti possono liberamente approdare di giorno e di notte, approdando però di notte non ricevono pratica prima che faccia giorno.

— — L'armamento del Porto è costituito da tre legni Regi ora più grandi, ora più piccoli, non però sempre da due lancie canoniere oltre un legno più grosso.

— — Il distretto, in cui è situata la Punta di Salvore, sopra la quale esiste il Fanale, porta il nome di *Pirano*, e non d'*Umago*.

Pag. 33. Nel Lazzaretto nuovo non possono ricovrarsi più di 50 a 60 bastimenti, né possono alloggiarsi più di 200 forestieri.

Pag. 52. Il numero dei Greci illirici ascende attualmente a tenore della coscrizione del 1827 a 350.

Pag. 53. Quello dei Lutterani a 340 e non a 600.

Pag. 55. Quello degli Elvetici a soli 300, e non 600.

Pag. 59. La Borsa può procurare degli accomodamenti avanti, non però dopo l'apertura di formale concorso. Reg. 2 luglio 1804. §. 162.

— — L'approvazione delle Ditte insinuate compete ora al Governo per il Decreto aulico 12 febb. 1826, Nr. 4928, e non al Tribunale cambio mercantile. — Per l'ascrizione alla Borsa si richiede dunque attualmente un Decreto governativo, portante approvazione del negozio e di aggregazione alla classe de' negozianti all'ingrosso.

Pag. 61, 62. Oltre gli stabilimenti di sicurtà indicati nel manoscritto, vi esistono a tenori dello Scematismo quattro altri, di cui non fa menzione :

Il Banco adriatico d'Assicurazione.
Il Banco Greco d'Assicurazione.
La Società Bocchese d'Assicurazione.

La Stanza d'Assicurazione.

Pag. 61, 62. Di più il manoscritto non concorda intieramente coll'ultimo Scematismo intorno ai nomi degli attuali Direttori degli altri stabilimenti.

Pag. 63—65. *Nel Capitolo XI Consoli esteri*, furono ommessi

Augusto Cav. de Henikstein, Agente del *Brasile*, e

Daniel Pietro Dutilh, Console dei *Paesi Bassi*;

furono erroneamente indicati come Consoli generali quelli

d'*America* e di *Francia*

fu pure erroneamente indicato come Console di *Sassonia*, Francesco Reyer in vece di G. G. Sartorio;

fu male qualificato Francesco de Collin come gerente il Consolato di *Spagna* in vece che come Console effettivo;

fu pure male indicato come Console generale di *Toscana*, Matteo Giovanni Tomasini, in vece di Bartolommeo de Hochkofler; finalmente

il Consolato di Virtemberga fu erroneamente indicato come occupato da G. Federico Guther, quandoché è già da molto tempo vacante, per la morte di quest'ultimo.

Pag. 67. 68. L'importazione ed esportazione marittima nel 1803 e 1804 non era tale, quale la indica il manoscritto. Secondo la tabella dell'Uff. di Porto :

nel 1805 l'importazione era di 26,727,350

« « l'esportazione — 29,210,470

« 1804 l'importazione — 30,714,348

« « l'esportazione — 24,342,930.

Pag. 69. La Raffineria di Zuccheri di G. C. Ritter et Comp.

non esiste in Trieste, ma bensì in Gorizia.

Pag. 71. Gli stipendj, di cui gode la scuola nautica, oltre quello, fondato dal Conte Zinzendorf, vengono corrisposti dalla Cassa civica, e non dall'Erario sovrano.

Pag. 73. Il Personale d'insegnamento della Capo scuola normale consiste oltre il Direttore in un Catechista, due maestri della quarta Classe, cinque maestri delle Classi inferiori, tre aggiunti, un maestro di dissegno, ed un aggiunto, e non è composto nel modo indicato dal manoscritto.

— — La Capo scuola normale costa annualmente 5600 fl. circa, e non soli fl. 3300. Tale spesa è a carico del fondo scolastico. Il fondo di Religione vi contribuisce qualche cosa, per il Catechista. La Borsa e l'Erario civico nulla vi contribuiscono, né quest'ultimo dispensa stipendj agli studenti della Capo scuola normale.

Pag. 73. Pubbliche scuole civiche elementari non esistono. Tutto questo articolo è erroneo. Vi esistono all'incontro in città nuova le Capo scuole minori sostenute da un Direttore e Catechista, tre maestri e un aggiunto , delle quali il manuscritto non fa parola.

Pag. 75. La scuola di Musica istituita dal maestro Scaramelli ha cessato.

Pag. 79. Il Decreto permissivo l'instituzione del Gabinetto di Minerva fu rilasciato dal Commissariato Generale di Polizia d'allora. Non consta in quanto il Conte Agapito, che era un impiegato subalterno, ne abbia avuto parte.

Pag. 85. La grande Caserma militare e gl'edifizj ad esse attinenti sono di proprietà dell'Erario, e non della città.

Pag. 86. L'altra Caserma nel Borgo Franceschino fu acquistata nel 1818 per fl. 155,000, e non nel 1811 per 80,000 fl.

— — Milizia civica non esiste.

La milizia territoriale non fu né organizzata né approvata ancora.

Tutto questo Capitolo potrebbe ommettersi.

Pag. 90. Presso l'ospitale non esiste un istituto pubblico di vaccinazione; nell'ospitale vengono bensì vaccinati gl'orfanelli dal Professore d'Ostetricia.

Pag. 92. Il ritratto dei lavori fatti nella casa dell'Istituto generale dei poveri non appartiene alle rendite dell'Istituto, a tenore del Reg. se non se intanto in quanto oltrepassa le spese di mantenimento del povero, che ha prestato il lavoro. Oltrepassando il ritratto le spese viene buonificato il di più in contante al povero.

Pag. 130. Il Commissariato Distrettuale di Fünfenberg non è Regio, cosi pure

pag. 136 non è Regio quello di Duino.

Indice

Città e porto-franco di Trieste.

Passeggi e vicinanze di Trieste.

Notizia

Sergio Fumich è nato a Trieste nel 1947. Dal 1970 si è trasferito a Brembio, piccolo comune del Lodigiano. Ha operato per oltre trent'anni, a Milano e a Crema, come formatore nell'ambito dell'*Information Technology*, per conto di una importante Fondazione lombarda che si occupa di formazione professionale. Ha svolto attività pubblicistica dal 1978 al 1995 come collaboratore del quotidiano di Lodi *Il Cittadino*, come direttore responsabile di alcuni fogli locali e della rivista di poesia *Keraunia*. Ha pubblicato libri di poesia e di racconti e opuscoli divulgativi.

Per il Circolo Andreani cura la riedizione di testi e documenti dell'Ottocento e del primo Novecento, la valorizzazione del lascito iconografico e documentale delle sorelle Caterina e Maria Zanoni, possidenti di Brembio, l'editing delle altre pubblicazioni dell'associazione.

I luoghi di Trieste raffigurati nelle illustrazioni

A pagina 8 il Canale nel 1898; *a pagina 80* la Piazza della Caserma, oggi Piazza Dalmazia; *a pagina 82* veduta di Duino degli anni Trenta; *a pagina 108* la Piazza Grande, oggi Piazza Unità d'Italia, nel 1871. Le fotografie sono tratte da *Ricordando Trieste. Calendario 1999*, Centralgrafica, Trieste 1998.

www.ingramcontent.com/pod-product-compliance
Ingram Content Group UK Ltd.
Pitfield, Milton Keynes, MK11 3LW, UK
UKHW020240250726
13967UKWH00001B/470

9 781291 579833